OPINIONS

DE

NAPOLÉON.

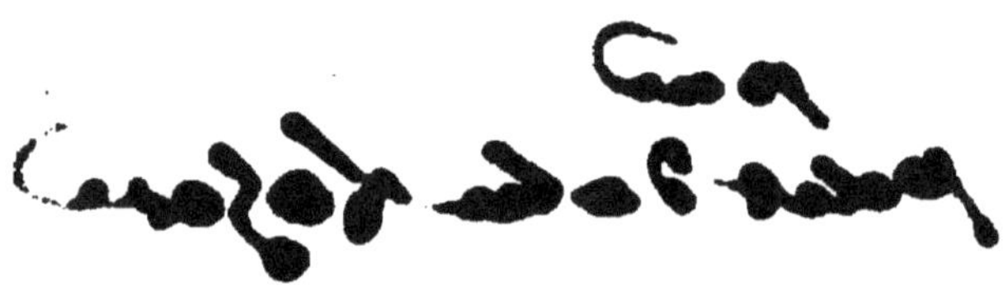

IMPRIMERIE DE FIRMIN DIDOT FRÈRES,
RUE JACOB, N° 24.

OPINIONS

DE

NAPOLÉON

SUR DIVERS SUJETS

DE POLITIQUE ET D'ADMINISTRATION,

RECUEILLIES

PAR UN MEMBRE DE SON CONSEIL D'ÉTAT,

ET RÉCIT DE QUELQUES ÉVÉNEMENTS

DE L'ÉPOQUE.

PARIS,

FIRMIN DIDOT FRÈRES, LIBRAIRES,

RUE JACOB, N° 24.

1833.

PRÉFACE.

Nous avons beaucoup d'écrits sur Napoléon ;
mais la plupart sont des relations militaires qui
racontent ses campagnes et le font connaître
comme général ; fort peu le montrent occupé des
soins du gouvernement intérieur et se livrant aux
discussions qu'il fait naître.

Les procès-verbaux des séances du conseil
d'état, dans la discussion du code civil, ont été
publiés, et ils rapportent les opinions de Napoléon, mais sur le code seulement ; les digressions politiques auxquelles il se livrait souvent
ne s'y trouvent point ; le savant rédacteur sus-
pendait alors sa plume, et ne recommençait
à écrire que quand Napoléon revenait au sujet
de la délibération.

Le Mémorial de Sainte-Hélène raconte ses conversations sur toute sorte de sujets; mais il était

entré, vivant, dans la postérité, et se montrait tel qu'il avait intérêt de paraître devant elle : il dictait les matériaux de son histoire. Cette préoccupation peut rendre suspecte la sincérité de ses opinions.

Un seul écrivain, je crois, membre distingué du conseil d'état, a publié les opinions de Napoléon, telles qu'il les exprima, dans le moment même de l'action, au sein de ce conseil, sur les questions qui s'y discutaient (1); mais l'auteur, sorti du conseil en 1803, n'a pu continuer plus loin sa relation.

Je viens donner, en quelque sorte, la suite de ce travail. Des notes recueillies par une main sûre jusqu'en 1806, et celles recueillies ensuite par moi-même, m'en fournissent le moyen.

Introduit fort jeune dans le conseil d'état de Napoléon, dans l'âge de l'enthousiasme, j'ai recueilli avec avidité ses paroles, dans la pensée qu'elles seraient un jour précieuses pour la postérité; je songeais à ce que nous donnerions pour avoir celles d'Alexandre ou de César.

La postérité est venue plus tôt que je ne l'avais imaginé. Je lui offre un document qui lui servira à former son jugement sur l'un des hommes les plus extraordinaires qui aient occupé la scène du

(1) Mémoires sur le consulat. Paris, 1827; 1 vol. in-8°.

monde; sa catastrophe et sa fin ont mis le sceau à ce qu'il y avait de merveilleux dans sa fortune.

De ces paroles que Napoléon a prononcées, et que je rapporte, les unes ont trouvé place dans la première partie de cet écrit, dans le récit des événements que je raconte; les autres forment la deuxième partie, toute composée des discussions du conseil d'état, et sont classées sous différents titres, suivant la matière de ces discussions.

Au moment où j'associe le lecteur aux délibérations du conseil d'état, il ne sera pas sans intérêt pour lui d'avoir quelques détails sur l'organisation de ce corps, sur le rôle qu'il jouait dans l'État, et sur la physionomie de ses séances.

La constitution de l'an VIII, en détruisant le système des deux chambres, leur substitua quatre corps, le conseil d'état, le tribunat, le corps législatif, le sénat. Jamais la maxime *diviser pour régner* n'avait mieux reçu son application.

Le conseil d'état fut chargé de porter la loi au corps législatif, et de l'y défendre au nom du gouvernement.

Le tribunat dut y plaider au nom de l'intérêt populaire.

Le corps législatif dut écouter et juger.

Le sénat fut réservé pour intervenir, quand

le tribunat déclarerait que la constitution était violée.

Les garanties, comme on voit, ne manquaient pas. On ne pouvait mieux déguiser leur faiblesse sous leur nombre.

Un tel échafaudage, bon pour le besoin du moment, ne pouvait durer. Napoléon n'était pas homme à s'arranger long-temps d'une machine aussi compliquée. Le tribunat fut supprimé; le corps législatif, resserré de plus en plus dans son rôle passif et muet, vit chaque jour quelqu'une de ses attributions usurpée par les décrets; le sénat servit d'ornement à la cour, et enregistra les changements successifs aux constitutions de l'empire. Le conseil d'état resta seule assemblée délibérante, seule ayant une part dans les affaires; il hérita de ce que les autres perdirent; lui seul ne pouvait faire aucun ombrage à Napoléon; ses membres étaient nommés par lui et révocables; ils n'agissaient que comme conseil; leur pouvoir n'était autre que le sien.

Napoléon apporta un soin particulier dans la composition de son conseil. C'était sa seule garantie contre les erreurs de ses ministres; le seul corps dont l'adhésion donnât à ses actes un véritable appui dans l'opinion. Il y appela les hommes les plus versés dans les diverses branches du gouvernement: Merlin et Portalis pour la législation, Fourcroy et Chaptal pour les sciences, Fleurieu pour la marine, Gouvion Saint-Cyr pour la guerre; et beaucoup d'autres dont les noms ne sont pas moins honorablement connus. Il les divisa en sections, à chacune desquelles il renvoya les projets présentés par ses ministres, pour en délibérer séparément, puis ensemble, et, le plus souvent, en sa présence.

Chaque fois qu'une nouvelle province fut ajoutée à l'empire, il lui demanda ce qu'elle avait de mieux pour en enrichir son conseil; Gênes fournit Corvetto, devenu, après la restauration, ministre de Louis XVIII; Florence envoya Corsini; Turin, Saint-Marsan; la Hollande, Appélius; tous hommes d'un mérite tellement distingué, que, rentrés chez eux, après la chute de l'empire, ils furent nommés ministres par leur souverain, malgré les préventions que leurs services en France semblaient devoir faire naître contre eux.

Faut-il s'étonner du rang que le conseil d'état a tenu dans l'opinion?

La présidence de Napoléon ne contribuait pas peu à accroître son lustre. Qui n'aurait regardé comme un beau privilége d'entendre discourir sur toutes les matières du gouvernement, celui qui tenait dans ses mains les destinées de l'Europe, et à qui la fortune semblait obéir? Qui n'aurait tenu à honneur d'être associé aux délibérations dans lesquelles il réglait les affaires du pays?

Les séances du conseil d'état se tenaient à Paris, dans le palais même de Napoléon; il l'appelait à Saint-Cloud quand il y était.

On se réunissait au moins deux fois par semaine; l'intervalle était rempli par les délibérations des sections.

Les affaires *à l'ordre du jour,* c'est-à-dire qui devaient être discutées, étaient portées sur deux états: l'un, appelé le *petit ordre,* contenait celles d'une médiocre importance; l'autre, le *grand ordre,* était réservé pour la présence de l'empereur. Les projets étaient imprimés et distribués avant la délibération.

Napoléon se faisait quelquefois annoncer d'avance; d'autres fois il arrivait sans être attendu; le tambour qui battait aux champs dans l'escalier des Tuileries, annonçait son approche; il entrait précédé de son chambellan, et suivi de l'aide de camp de service. L'un et l'autre prenaient place derrière lui.

Son fauteuil, élevé d'une marche au-dessus du sol, était à l'extrémité de la salle; il avait à sa droite et à sa gauche les princes et les grands dignitaires, et devant lui, de chaque côté, les longues tables où étaient assis les conseillers d'état. Le fauteuil de l'empereur restait en place lors même qu'il était à l'armée. L'archi-chancelier, placé à sa droite, présidait en son absence. Les affaires avançaient peu sous la présidence de Napoléon, parce qu'il tombait quelquefois dans une profonde rêverie, pendant laquelle la discussion traînait, ou parce qu'il se livrait à des divagations politiques étrangères au sujet; mais ces divagations étaient pleines d'intérèt, comme symptômes de l'état de son ame, ou comme révélation de sa politique et de ses projets.

On trouvera dans cet écrit plusieurs exemples de ces divagations curieuses. J'en citerai ici deux autres.

Il est venu, après la malheureuse affaire de Baylen, apportant un projet de décret pour régler le mode de mise en jugement des chefs d'armée. Avant de discuter ce projet, il a parlé de l'événement, et son cœur n'a pu retenir les sentiments qui l'oppressaient. C'était la première fois que la victoire abandonnait ses drapeaux et que ses aigles étaient humiliées. Le prestige était détruit. Il s'est livré à l'épanchement de sa douleur jusqu'à laisser voir des larmes dans ses yeux, et après avoir parlé des ressources que le général aurait pu trouver dans son désespoir, il s'est écrié : « Oh! que le vieil Horace a bien raison, « après avoir dit : *Qu'il mourût*, d'ajouter : *Ou* « *qu'un beau désespoir alors le secourût*; et « qu'ils connaissent mal le cœur humain, ceux « qui blâment Corneille et l'accusent d'avoir, sans « nécessité, affaibli, par ce second vers, l'effet « du *Qu'il mourût* : » chose curieuse d'entendre ainsi Corneille commenté par Napoléon.

Une autre fois, à Saint-Cloud, dans la première séance qui a suivi son retour de Leipsick, voyant le maréchal Gouvion à sa place, il lui a adressé la parole sur la bataille de Hanau. « Se « serait-il attendu à la défection des Bavarois, « et à leur audace de prétendre lui barrer le pas- « sage? Quelques régiments avaient suffi pour en « faire raison, et il leur avait passé sur le corps. » C'était le lion blessé, fier d'avoir renversé, en fuyant, son ennemi.

Les séances, rendues plus longues par les digressions de l'empereur, n'étaient jamais trop longues pour lui. Il nous a retenus souvent, à Saint-Cloud, depuis neuf heures du matin jusqu'à cinq heures du soir, avec une suspension d'un quart d'heure, pendant laquelle il passait dans ses appartements et nous dans la grande galerie, où quelques mets étaient servis. Il ne paraissait pas plus fatigué à la fin de la séance qu'au commencement. Il fallait toujours que l'archi-chancelier l'avertît quand l'heure était trop avancée pour prolonger davantage la séance, et il le plaisantait sur ces avertissements en feignant de les trouver prématurés.

Les princes de sa famille qui se trouvaient à Paris, assistaient aux séances; il y admettait aussi les princes étrangers qui venaient le visiter. On y a vu pendant assez long-temps le prince de Bade et le prince de Bavière, aujourd'hui roi, qui semblaient envoyés à l'école du grand homme pour apprendre à régner.

Malheur à celui qui arrivait après la séance commencée! le verrou était mis, et personne, prince ou sujet, ne pouvait plus être introduit sans une autorisation spéciale de l'empereur.

Les projets de décrets étaient habituellement précédés d'un rapport qui en exposait les motifs. Napoléon demandait toujours qu'on lût le décret avant le rapport. « C'était, disait-il, l'ordre ma« thématique, qui veut qu'on énonce la propo« sition avant de la prouver. »

Quiconque voulait parler demandait la parole. Napoléon provoquait souvent ceux dont il désirait connaître l'avis. Les discours devaient être simples et sans phrases. L'éloquence de tribune eût été là ridicule : un nouveau membre, qui s'était fait une certaine réputation dans nos assemblées nationales, voulut, à son début, prendre le style oratoire ; il s'aperçut qu'on se regardait en riant, et se hâta de baisser le ton. Il n'y avait pas moyen de déguiser le vide des idées sous l'emphase des paroles ; il fallait posséder la matière et avoir dans l'esprit une abondante provision de faits.

Non-seulement toutes les connaissances étaient représentées dans le conseil d'état, mais aussi toutes les époques. Napoléon appela dans la première composition du conseil les hommes qui avaient marqué honorablement dans les dernières assemblées ; il y appela ensuite ceux que nos premiers orages avaient forcés de s'expatrier, bien qu'ils ne fussent pas hostiles à la révolution ; les Malouet, les Mounier, les Ségur. Le conseil d'état devint ainsi l'image de la fusion des partis opérée dans la nation.

Aussi quand Chénier vint, avec la commission de l'Institut, lire à l'empereur dans le conseil d'état le rapport sur les prix décennaux, en rappelant les noms de tant d'hommes distingués moissonnés par la révolution dans les divers partis, des Bailly, des Lavoisier, des Vergniaud, des Gensonné, il dit, avec raison, que s'ils

avaient survécu à la tourmente, ils seraient assis
sur ces bancs autour de l'empereur, travaillant
avec lui à reconstituer la société. Lui-même,
pâle et tremblant, et portant la trace des passions qui l'avaient agité, était un monument
vivant des orages auxquels il avait échappé à
grand'peine. Il y avait quelque chose de drama-
tique et de touchant à l'entendre évoquer les
ombres de ces hommes, dont plusieurs n'avaient
pas combattu dans les mêmes rangs que lui, pour
les réunir autour du trône nouveau qui était
surgi de leurs discordes.

Les temps les plus laborieux du conseil d'état
ont été ceux du consulat et des premières années de l'empire. C'est alors que furent redigés
les codes et cette suite de lois, de décrets et de
réglements qui constituèrent la nouvelle administration et dont nous vivons encore. Napoléon,
sous le consulat, présidait quelquefois des réunions particulières de la section de l'intérieur,
depuis dix heures du soir jusqu'à cinq heures
du matin. Il allait ensuite se mettre au bain,
et pouvait bientôt après se livrer de nouveau
au travail. Une heure de bain valait, disait-il,
pour lui quatre heures de sommeil.

Cette activité qu'il déployait, il l'exigeait de
ceux qui étaient appelés à le seconder. Il s'est

plaint souvent que le conseil d'état n'expédiait pas assez promptement les affaires. On était obligé de lui montrer qu'aucune n'était en retard.

Quand il demandait un rapport, c'était pour le lendemain ; quand un conseiller d'état devait porter une loi au corps législatif, ou un sénatus-consulte au sénat, il n'était averti quelquefois que deux heures à l'avance, et n'avait que ce temps pour composer son discours.

Ce temps eût été suffisant pour Napoléon. Il dictait avec une telle rapidité qu'on avait plusieurs pages à écrire après qu'il avait fini, et rarement, en relisant, il trouvait quelque chose à changer. C'est qu'il est plus aisé d'exprimer ses idées que celles d'un autre ; la toute-puissance, d'ailleurs, aide merveilleusement à la netteté du discours.

Napoléon, avant et après le conseil d'état, présidait souvent d'autres conseils dans lesquels il réglait, avec quelques hommes spéciaux, les détails de chaque branche d'administration, les travaux publics, les services de la guerre, etc. Son esprit passait, avec une grande facilité, d'un objet à un autre. C'est ainsi qu'on l'a vu à Austerlitz, la veille de la bataille, réunir à six heures du soir ses généraux, leur donner ses instructions pour le lendemain, dicter ensuite le décret d'organisation de la maison de Saint-Denis, et revenir aux préparatifs de la bataille.

Je n'entrerai point dans le détail des attributions du conseil d'état, la nomenclature en serait trop longue; il me suffira de dire qu'elles embrassaient toutes les matières de législation et d'administration intérieure. Or s'il est vrai que les fautes de Napoléon ont été principalement dans sa politique extérieure, s'il est vrai que son administration a été, en général, habile, et qu'elle compose, avec ses codes, la meilleure partie de son règne et celle qui a produit les résultats les plus durables, il est juste de reconnaître que le mérite en appartient, pour une bonne part, au conseil d'état, et que ce corps, seule garantie qui restait au pays, a bien mérité de la France. Un écrivain, dont l'opinion fait autorité dans tout ce qui a rapport au conseil d'état, lui a rendu ce témoignage. « Combien de fois, dit-il, ce conseil n'a-t-il pas « servi le peuple, en modérant les saillies fou- « gueuses du chef par la lenteur et les sages « avertissements de sa délibération? Quelles im- « pressions auraient été plus éloquentes que ces « longs et taciturnes silences qui s'y faisaient « par intervalles? Et que de fois, aussi, plusieurs « de ses honorables membres n'ont-ils pas fait

« entendre avec courage, devant le souverain
« même, et parmi les murmures des plus
« serviles complaisances, des accents de vertu
« et de liberté (1)?

Je dois dire maintenant quelques mots de la
partie de cet écrit étrangère aux discussions du
conseil d'état. Ce sont des récits de quelques
événements dont j'ai été témoin ou dont les
circonstances m'ont été rapportées par des témoins dignes de foi. Ce sont des négociations qui
m'ont été connues par celui même qui y a joué
un premier rôle. Beaucoup de documents se
seraient trouvés dans ses papiers, s'ils n'avaient
été détruits, en 1814, par les troupes étrangères, dans le pillage de sa maison de campagne.
Il n'en est resté que des débris. Combien ne
doit-on pas regretter qu'un homme si honorable
et qui a représenté la France avec tant d'habileté n'ait pas eu le temps, avant de mourir,
d'écrire ses mémoires! la politique y aurait toujours parlé le langage de la droiture et de la
vertu.

Quelle impression produiront sur le lecteur
les documents que je publie? Quelle opinion
les discours de Napoléon au conseil d'état donne-

---

(1) Cormenin. Du Conseil d'État, p. 33.

ront-ils de son caractère et de son système? La même sans doute qu'on s'est déja formée d'après ce qu'on connaît de lui; on y reconnaîtra un caractère mêlé d'impétuosité et de ruse, moitié français, moitié italien, mais où l'impétuosité domine, et une affectation de pouvoir absolu tellement prononcée, qu'elle devait avoir pour effet de paralyser au dedans l'énergie de la nation, et de soulever au dehors les nations étrangères.

Napoléon, quand il est arrivé au pouvoir, se trouvait dans les circonstances les plus favorables pour réaliser l'alliance de la monarchie et de la liberté. La nation, qui redoutait par-dessus tout l'anarchie, se serait contentée d'une mesure de liberté raisonnable : malheureusement c'est toujours la situation dans laquelle on est le plus tenté d'établir le despotisme.

Il l'établit en effet, et dans la crainte d'avoir à combattre au dedans les tendances républicaines, il porta au dehors toute l'activité de la nation, et se jeta dans une série de guerres et de conquêtes qui ne pouvait finir que par une catastrophe.

Lui-même avait le sentiment qu'il ne fondait rien de stable. « Tout ceci, disait-il en plein con-« seil d'état, durera autant que moi; mais après

« moi, mon fils s'estimera heureux peut-être, s'il
« a quarante mille francs de rente.. »

La fortune n'a pas même voulu que cela durât autant que lui. Plus malheureux qu'Alexandre et César, il a survécu à sa puissance et à ses conquêtes.

Il a vu la France reprendre, après lui, le
cours de ses querelles intestines ; suspendues par
son avénement, elles recommencent dès qu'il a
disparu.

Elles recommencent même avec une nouvelle
force, parce qu'il a excité, pour les faire servir
à son usage, les passions qui les nourrissent.

Il a excité l'ambition dans toutes les classes
de la population, par une immense distribution
d'emplois, de grades et d'honneurs.

Il a excité un besoin immodéré d'émotions
et de changements, par le spectacle journalier
de rois détrônés, de dynasties renouvelées.

Il a rendu difficile pour long-temps la tâche
de ses successeurs. Une nation accoutumée à
la guerre et aux conquêtes ne rentre pas aisément dans les habitudes de la paix. Elle ne se
souvient que de la gloire, et non de ce qu'elle
a coûté ; elle se croit humiliée parce qu'elle n'hu-
milie plus les autres ; son activité, qui n'a plus
d'aliments au dehors, se tourne en querelles
intestines.

Napoléon, de la hauteur où il était placé, a vu les hommes plus petits et plus méprisables qu'ils ne sont, et c'est ce qui l'a perdu. Il a soulevé contre lui, par l'abus de la force, peuples et souverains, et dans son pays même, il s'est fait de dangereux ennemis.

Chose étrange! les conquérants font tout pour la gloire, tout pour obtenir l'estime des hommes qu'ils mettent à si haut prix; et le mépris des hommes est au fond de leur cœur!

Une trop bonne opinion des hommes perd les chefs des gouvernements, mais une trop mauvaise les perd également.

La gloire de Napoléon sera d'avoir comprimé l'anarchie, et rallié autour de lui tous les partis; d'avoir organisé une administration forte, au moyen de laquelle la France a obéi quinze ans à sa puissante main, comme aurait pu le faire un seul homme; d'avoir donné au pays un code de lois civiles plus parfait que ceux qu'il avait eus jusqu'alors; d'avoir été laborieux, infatigable, et toujours occupé des soins du gouvernement.

Que n'aurait-il pas fait, avec ces grandes qualités, s'il les eût employées à gouverner la France pacifiquement, et à lui donner une constitution et des mœurs qui pussent prévenir de nouveaux orages!

PREMIÈRE PARTIE.

RÉCIT HISTORIQUE.

CHAPITRE I.

ORIGINE DE NAPOLÉON. — EXPÉDITION D'ÉGYPTE. ÉVÉNEMENTS JUSQU'A LA PAIX D'AMIENS.

La famille Bonaparte est originaire de Florence. Elle se réfugia, lors des troubles de cette ville, à Sarzane, dans la république de Gênes. Une branche passa de là dans l'île de Corse, qui appartenait à cette république, et se fixa à Ajaccio. C'est de cette branche qu'est sorti Napoléon. Son père avait rang de gentilhomme, et vivait d'un petit domaine de mille à quinze cents francs de rente qu'il faisait valoir.

Les Bonaparte furent les seuls, dans la noblesse d'Ajaccio, qui se prononcèrent, en 1789, pour la révolution française. Joseph fut nommé l'un des administrateurs du département; Napoléon, sorti de l'École d'artillerie, fut capitaine de la garde nationale.

Le parti patriote ayant eu, quelque temps après, le dessous en Corse, la famille Bonaparte se vit obligée de quitter le pays, et se réfugia en Provence.

Ce fut là que le général Cervoni, né aussi en Corse, rencontra le jeune Napoléon; il l'entraîna, presque malgré lui, au siége de Toulon, et le présenta au représentant du peuple Gasparin comme un officier instruit. On lui confia le commandement de plusieurs batteries de siége.

Le talent et l'activité qu'il déploya dans cette circonstance commencèrent sa réputation. Il était à Paris, deux ans après, à l'époque du 13 vendémiaire. On se souvint de la manière dont il avait commandé l'artillerie de Toulon. La convention lui confia le commandement de celle qui devait servir à sa défense. Il n'y déploya pas moins d'habileté et de résolution.

Sa fortune marcha, depuis ce jour, d'un pas rapide. Il était, l'année suivante, général en chef de l'armée d'Italie, et se couvrait sous ce titre d'une gloire immortelle. La paix de Campo-

Formio fut le prix de ses victoires. Le gouvernement et la nation l'accueillirent, à son retour, avec tous les signes de la reconnaissance et de l'admiration; mais des honneurs furent tout ce qu'il. obtint. Arrivé depuis au faîte de la puissance, il s'est plaint souvent de ce que le directoire, après de tels services, l'avait laissé dans la pauvreté. On aurait dû, disait-il, lui faire don d'une terre. Un tel regret indique que le directoire, en effet, eût agi politiquement. L'ambition du jeune vainqueur de l'Italie se serait probablement endormie dans les richesses.

Le directoire eut recours à un moyen moins sûr et plus dispendieux pour détourner les périls dont cette ambition le menaçait. Il conçut le projet de l'expédition d'Égypte, ou plutôt il l'exhuma des cartons du ministère des affaires étrangères, où il était enseveli.

Ce projet, en effet, n'était pas nouveau; il avait été agité quelques années avant la révolution. Les victoires de Catherine II contre les Turcs, qui avaient porté ses frontières si près de Constantinople, ne pouvaient manquer d'éveiller la sollicitude du cabinet de Versailles. On songea, non à empêcher la ruine de l'empire ottoman, qui paraissait inévitable, mais à s'assurer une part dans ses dépouilles. Il fut question de l'occupation de l'Égypte. M. de Sartine, ministre de la marine, la proposa formellement. « C'est le seul moyen, disait-il, de conserver notre commerce dans le Levant; l'Égypte civilisée deviendra pour nous une admirable colonie, et qui nous dédommagera de la perte de toutes les autres. Maîtres de la mer Rouge, nous pourrons attaquer les Anglais dans l'Inde, ou établir dans ces parages un commerce rival du leur. L'Angleterre et la Russie s'opposeront sans doute à ce que nous occupions l'Égypte; mais nous aurons pour nous l'Autriche, en lui promettant une partie de la Turquie d'Europe, et l'Espagne, qui est notre alliée naturelle dans toute guerre maritime. Celle-ci joindra sa flotte à la nôtre. L'Égypte est conquise, si nous parvenons à y débarquer. »

Le baron de Tott se rendit sur les lieux, en 1777, sans autre but, en apparence, que de faire des observations astronomiques pour l'académie des sciences, et des recherches sur l'histoire naturelle, mais avec mission de reconnaître les côtes d'Égypte et de Syrie, celles de la Grèce et des îles de l'Archipel, et d'examiner surtout l'île de Candie, dont l'occupation préalable paraissait nécessaire pour faciliter celle de l'Égypte. On lui recommanda de s'assurer si la partie de la côte entre Alexandrie et Aboukir ne serait pas l'endroit le plus favorable pour opérer le débarquement. Un enseigne de vaisseau lui fut adjoint pour sonder tous les mouillages.

Un autre officier fut chargé de se rendre à Suez et dans la mer Rouge, pour examiner toutes les côtes de cette mer et pour reconnaître l'île de Mehun située à son entrée, dont il pourrait être utile de s'emparer. Cet officier, à son passage au Caire, leva le plan de la ville et du château.

On rechercha, dans les anciennes chroniques, tout ce qui est relatif à l'expédition de saint Louis, pour voir ce qui l'avait fait échouer. On se flattait toutefois que l'Égypte, plus faible sous les mamelucks que sous le gouvernement des soudans, opposerait moins de résistance.

Plusieurs années s'écoulèrent sans qu'il fût question davantage de ce projet. Le comte de Saint-Priest, ambassadeur de France à Constantinople, écrivit, en 1781, pour en presser l'exécution. « Les Russes, écrivait-il, ont, à Kerson, 15 frégates et 2 vaisseaux de 64; ils en ont autant à Tangarock. Cette escadre n'a qu'à paraître devant Constantinople pour y opérer une révolution. Son apparition sera le signal du soulèvement des Grecs. Les Turcs auront quitté l'Europe avant qu'on puisse arriver pour les secourir. C'est à la France de ne pas se laisser prendre au dépourvu par ce grand événement.

Il faut qu'elle se hâte d'occuper l'Égypte. La conquête de ce pays sera facile. Il n'est défendu que par cinq ou six mille mamelucks qui n'ont jamais vu le feu, et qui ne possèdent pas une pièce de canon. »

Le gouvernement, déterminé par ces considérations, avait résolu de tenter l'entreprise; vingt mille hommes devaient être embarqués, au mois de juillet, sur plusieurs divisions de la flotte, qui, parties de différents ports, se seraient ralliées au port de Paleo-Castro, à l'est de Candie. On se serait porté de là sur Alexandrie et Damiette, aux deux bouches du Nil; on aurait occupé Aboukir et Rosette. On comptait sur le secours des nombreux chrétiens répandus au Caire et dans la Haute-Égypte, qui gouvernaient le pays pour les beys, et en faisaient tout le commerce.

Les événements de la guerre d'Amérique empêchèrent le départ de l'expédition; ceux de la révolution vinrent ensuite, qui permirent encore moins de s'en occuper. Il était réservé au directoire de reprendre ce projet et à Napoléon de l'exécuter. On sait le désastre de la flotte, l'occupation de l'Égypte, et la nécessité où se trouva l'armée française de l'évacuer. Napoléon n'avait pas attendu ce moment pour s'en éloigner. Plus occupé de la France que de l'Égypte, il vit que tout était disposé pour une révolution, partit sur une frégate, débarqua à Fréjus, et renversa, vingt-deux jours après, le faible gouvernement du directoire. Il s'empara du souverain pouvoir, sous le titre de Premier Consul, le même jour que Washington terminait, en Amérique, sa glorieuse vie dans le rang de simple citoyen.

Tout changea de face au dedans et au dehors. Les administrations collectives firent place, dans les départements, aux préfets. Le même changement eut lieu dans tous les degrés de la hiérarchie. On put voyager avec sûreté sur les routes, qui étaient naguère infestées de brigands. Nos troupes, découragées et battues, retrouvèrent le chemin de la victoire; le nom de Marengo prit place à côté de ceux de Rivoli et d'Arcole. La paix fut signée de nouveau avec l'Autriche à Lunéville. Elle le fut avec Naples, la Bavière et le Portugal. On signa des traités d'alliance avec la Hollande, les États-Unis et l'Espagne. L'époque si désirée de la paix générale semblait approcher.

CHAPITRE II.

PAIX D'AMIENS.

La France n'était plus en guerre qu'avec l'Angleterre. Le premier consul faisait les préparatifs d'une descente, et cependant il devait désirer la paix : le commerce la réclamait à grands cris. Elle pouvait seule consolider le nouveau gouvernement au dehors et au dedans.

Aussitôt après son avénement, Napoléon conçut la pensée d'envoyer à Londres quelqu'un qui pût préparer les voies à des négociations. Sièyes lui indiqua M. Otto, qu'il avait laissé comme chargé d'affaires à Berlin, et qui, par son habitude de la langue et des mœurs anglaises, et par son esprit conciliant, était éminemment propre à cette mission. Mais quel caractère lui donner? La France avait à Londres un agent chargé de traiter de tout ce qui avait rapport aux prisonniers. M. Otto fut désigné pour aller le remplacer; ses instructions indiquent bien quel était le but de sa mission :

« La nomination du citoyen Otto, y est-il dit, sera interprétée en Europe d'une manière très-étendue; le poste qu'il quitte, l'ancienneté de sa réputation, la situation actuelle des affaires, donnent à cette mesure le caractère d'une avance du gouvernement. Elle en est une, en effet, mais il faut en laisser l'interprétation au public.

« Le citoyen Otto ne se présentera, à son arrivée, que sous le rapport de son agence avec le ministère de la marine, pour les prisonniers. Quant à la partie diplomatique de sa mission, il sera observateur, et attendra qu'on lui fasse connaître l'impression produite par le choix qu'on a fait de lui. Si elle se manifeste d'une manière vague et indécise, il laissera douter qu'il l'ait aperçue; si elle se prononce d'une manière plus décidée, il se prononcera dans le même degré. Enfin, s'il arrive au point de pouvoir donner à ce qui lui aura été transmis de la part du ministère anglais le caractère d'une mesure correspondante à l'avance renfermée dans sa nomination, il pourra sortir du rôle passif d'observateur. »

Le négociateur, parti de Berlin, chercha vainement dans les ports de la Hollande un bâtiment pour passer en Angleterre : tant les communications avaient cessé entre les deux pays! Il vint jusqu'à Calais où il en fréta un, et s'embarqua.

S'il se fût renfermé dans le rôle passif qui lui était prescrit, on se serait attendu réciproquement, et sa mission n'eût abouti à rien, car les ministres anglais étaient peu portés à la paix; mais il forma des relations avec des hommes qui la désiraient davantage. On le fit rencontrer fréquemment à la campagne avec les ministres, avec le prince de Galles; il ne négligea point d'encourager les efforts des membres de l'opposition qui poussaient à la paix; et six mois après son arrivée, il fut en position de pouvoir demander une autorisation explicite de traiter, et les négociations commencèrent. Plusieurs fois elles furent interrompues. Le premier consul, irrité, au-delà de toute expression, des injures dont il était l'objet dans les journaux anglais, donna l'ordre à M. Otto de revenir. Celui-ci ne se hâta point d'obéir, et s'efforça de le calmer. Il prévoyait, d'après les discussions du parlement, un changement prochain dans le cabinet, et l'arrivée d'un ministère plus favorable à la paix. Ce ministère arriva en effet, et peu de temps après les préliminaires furent signés.

La joie la plus vive éclata dans les deux pays à cette nouvelle, parce qu'on ne douta pas qu'un traité définitif n'en fût le résultat. On ne vit partout que courriers couronnés de rubans, qui la portaient de lieu en lieu; leur passage fut marqué par des fêtes et des illuminations. L'heureux négociateur fut comblé, à Londres, des témoignages de la reconnaissance publique. La gravure reproduisit son portrait, la poésie célébra ses louanges. Le général Lauriston, aide de camp de Napoléon, envoyé en Angleterre pour porter les ratifications, fut accueilli avec transport; le peuple détela les chevaux de sa voiture et le traîna jusqu'à son hôtel.

Les négociations pour le traité définitif furent transportées à Amiens, ville plus à portée des divers pays qui devaient y prendre part. L'Espagne et la Hollande y figurèrent comme alliées de la France.

Le premier consul s'y fit représenter par son frère Joseph. Celui-ci entretint avec le négociateur des préliminaires une correspondance active, qui ne contribua pas peu à aplanir les difficultés. Le traité de paix fut enfin signé le 27 mars 1802.

Les réjouissances se renouvelèrent partout. On était enfin arrivé à cette paix générale qui semblait un rêve impossible; les portes de Janus étaient fermées, et les peuples pouvaient respirer. Rien ne manquait à la gloire de Napoléon; il était salué du double titre de vainqueur et de pacificateur.

Les plus heureux furent nos prisonniers, qui gémissaient sur les pontons anglais au nombre de trente mille, et qui purent enfin revoir leur patrie. Quatre mille avaient déja été renvoyés, sans échange, après la signature des préliminaires. Le reste apprit la nouvelle de sa délivrance par celui qui avait tant contribué à la préparer, et qui s'était efforcé, en attendant, d'adoucir leur sort. De pénibles discussions s'étaient élevées entre les deux gouvernements pour savoir par qui devaient être supportés les frais de leur entretien. Le gouvernement français refusait d'envoyer des fonds, prétendant que chacun devait entretenir les prisonniers qu'il avait faits, sauf à se faire tenir compte de la différence à la paix ; le gouvernement anglais objectait les avances énormes qu'il serait ainsi obligé de faire et la charge qui en résultait pour le pays. Pendant ces débats, les malheureux prisonniers français auraient pu manquer des choses les plus nécessaires à la vie, si leur protecteur naturel n'avait constamment veillé à leurs besoins. Quel beau jour pour lui que celui où il leur porta la nouvelle de leur mise en liberté ! Ils revirent enfin leurs familles et leur patrie, et pour eux, du moins, cette paix si précaire eut un résultat durable.

CHAPITRE III.

RUPTURE DE LA PAIX D'AMIENS.

On s'attendait, à Londres, que le négociateur des préliminaires y resterait, après la paix, pour représenter la France, et pour entretenir des rapports qu'il avait tant contribué à former. Il en fut autrement : Napoléon voulut se faire représenter par un de ses généraux (M. Andréossy), et assigna au négociateur une autre mission. Celui-ci quitta l'Angleterre, et, malgré les talents distingués de son successeur, la bonne intelligence entre les deux pays cessa presque aussitôt.

Napoléon, à la vérité, donna plus d'un motif de plainte à l'Angleterre. Le principal fut la réunion du Piémont. De violents orages éclatèrent dans le parlement; les membres du dernier cabinet et leurs amis accusèrent les ministres signataires de la paix d'avoir trahi les intérêts de la nation ; ils reprochèrent à Napoléon non-seulement la réunion du Piémont, mais son refus de lever le séquestre apposé sur les propriétés anglaises, son décret pour la levée de trois cent mille hommes, et, par-dessus tout, la défense faite par lui à la Hollande, à la Suisse, à l'Espagne, au Portugal et à l'Italie, de recevoir les marchandises anglaises. Cette attaque au commerce anglais exaspéra la nation et changea totalement ses dispositions envers la France. Elle ne fut pas moins blessée des intentions que Napoléon manifestait à l'égard de l'Égygte et de l'Inde, par la mission qu'il avait confiée au général Sébastiani. Le rapport de ce général, inséré au Moniteur, étonna la France autant que l'Angleterre ; sa publication était ou une provocation, ou une imprudence extraordinaire, et on se refusait à croire que Napoléon fît rien sans dessein.

De son côté Napoléon se plaignait de ce que le gouvernement anglais n'exécutait point l'article du traité qui l'obligeait à évacuer l'île de Malte, et à la rendre aux chevaliers ; il se plaignait plus encore des outrages auxquels il continuait d'être en butte dans les journaux anglais et dans le parlement. La paix, disait-il, n'avait apporté aucun changement au langage qu'on tenait à son égard. Il déclara publiquement à l'ambassadeur anglais que, si ces outrages ne cessaient point, il passerait la Manche, avec quatre cent mille hommes, pour en demander raison.

Le ministère anglais, sommé d'évacuer Malte, s'y refusa. Il demanda qu'elle restât en dépôt dans les mains de l'Angleterre, jusqu'à ce que le gouvernement français eût donné toute garantie à l'égard de l'indépendance de l'Égypte, et eût satisfait aux griefs qu'on avait contre lui. Il exigea que les bâtiments rassemblés, avant la paix, sur les côtes de la Manche pour opérer une descente fussent détruits ou dispersés, pour que l'Angleterre ne fût pas obligée de maintenir un état de défense dispendieux ; que la Hollande fût évacuée par les troupes françaises, et laissée maîtresse de régler, comme elle l'entendrait, son gouvernement et son commerce ; que la même liberté de commerce fût laissée à la Suisse et aux états d'Italie ; que la France, enfin, abandonnât tout ce qu'elle avait réuni à son territoire depuis la paix d'Amiens. On ne peut disconvenir que ces demandes ne fussent fondées ; mais comment Napoléon aurait-il reculé dans son système d'agrandissement et de conquètes et rendu des provinces qu'il avait déclarées faire partie du territoire de la France? Il refusa, et l'ambassadeur anglais demanda ses passeports, et partit. On apprit, peu de jours après, que tous les vaisseaux de commerce français, qui naviguaient sur la foi des traités, avaient été saisis par la marine anglaise. Napoléon, de son côté, ordonna l'arrestation de tous les Anglais voyageant sur le continent, et la guerre entre les deux pays recommença avec plus d'acharnement que jamais, après treize mois d'une paix qui avait causé, des deux côtés de la Manche, une si vive joie.

CHAPITRE IV.

PROJET DE DESCENTE EN ANGLETERRE.

Napoléon reprit ses projets de descente en Angleterre, ou du moins ses démonstrations; car c'est encore une question de savoir s'il avait sérieusement résolu de tenter l'entreprise. On publia des écrits sur des descentes tentées ou opérées à diverses époques, sans oublier celles de Jules-César et de Guillaume-le-Conquérant, dont le succès semblait inviter à les imiter. On construisit des bateaux plats et des péniches jusque dans les chantiers de Paris. Les ports de la Manche se remplirent d'embarcations de toute espèce. On compta bientôt, dans les ports de Boulogne, Étaples, Vimereux et Ambleteuse, deux cent cinquante chaloupes canonnières, armées chacune de trois pièces de canon; six cent cinquante bateaux canonniers ou péniches, portant une bouche à feu, et un certain nombre de prames, armées de six pièces. Il y avait de plus, dans ces ports, sept à huit cents bâtiments de transport avec l'artillerie nécessaire pour les armer. On comptait réunir deux mille bâtiments et y embarquer quarante mille hommes; vingt mille devaient en outre partir d'Ostende, et vingt mille de Hollande. Ces quatre-vingt mille hommes, débarqués en Angleterre, seraient suffisants, disait-on, pour en faire la conquête. L'armée de Brest devait former la réserve.

C'était surtout dans le port de Boulogne que régnait la plus grande activité. La marine y dépensait trois millions par mois, sans compter la solde; on y avait accumulé une masse d'artillerie double de ce qui était nécessaire pour armer les bâtiments. Les soldats employés aux travaux recevaient une haute paie de 25 à 30 sous par jour.

Des fortifications nouvelles, construites sur tous les points accessibles de la côte, s'opposaient aux débarquements que les Anglais pourraient tenter; ces fortifications furent emportées plusieurs fois par la violence de la mer; on les reconstruisait aussitôt.

Une ligne de chaloupes canonnières, embossées en avant de la rade, empêchait que les Anglais n'en approchassent assez pour y jeter des bombes.

La flottille sortait chaque jour du port intérieur pour s'exercer dans la rade, et chaque
jour, la violence des vents ou les coups de mer
lui coûtaient quelques hommes ou même quelques bâtiments.

A deux mille toises de la rade paraissait la
flotte anglaise, forte tantôt de quinze voiles, tantôt
de trente. Des bâtiments légers allaient continuellement de la côte d'Angleterre à la flotte et
de la flotte à la côte, pour entretenir leurs communications. Il ne fallait que quelques heures pour
faire ce trajet.

On se demandait comment, en présence de la
flotte anglaise, on ferait sortir de la rade de Boulogne cette multitude de petits bâtiments sans
qu'ils fussent détruits par elle. Il leur fallait plusieurs marées, et par conséquent plusieurs jours
pour sortir, en sorte qu'ils seraient attaqués
successivement avant d'avoir pu se réunir et se
mettre en ligne. On les exerçait dans la rade à se
rallier promptement, et on se flattait que s'ils
pouvaient échapper au danger de cette attaque
partielle, et rencontrer pour leur traversée une
nuit obscure et un temps calme, ils arriveraient
heureusement sur la côte d'Angleterre, où les
gros vaisseaux ne pourraient les suivre à cause
des bas-fonds.

On ajoutait, pour rassurer les esprits, que

l'escadre de Rochefort et celle de Toulon, faisant route en apparence vers l'Inde pour y attirer les vaisseaux anglais, vireraient de bord tout à coup, et arriveraient avant eux dans la Manche pour protéger notre passage. Plus ces combinaisons paraissaient merveilleuses, plus elles flattaient l'esprit des troupes, qui croyaient en avoir surpris le secret. Elles pensaient que rien n'était impossible au génie de leur chef. Chaque soldat faisait déja des rêves d'avancement, de gloire et de fortune.

Quelques essais cependant furent tentés, dont on n'eut pas à s'applaudir. Une flottille de trente-six bâtiments sortie du Havre pour se rallier à celle de Boulogne, périt dans le trajet. Une autre, partie de Dunkerque pour la même destination, perdit un grand nombre de bâtiments pris par les Anglais.

On ne parut point découragé, et tout fut bientôt prêt à Boulogne pour le départ. La flotte se divisait en huit escadrilles, composées chacune de cent quatre-vingts bâtiments, portant huit mille hommes de troupes. C'étaient celles des camps de Saint-Omer et de Montreuil, la division italienne, une division de grenadiers et deux divisions de cavalerie. L'armée de Bruges devait s'embarquer à Ambleteuse sur la flottille batave. Chacun, à Boulogne, croyait le moment fatal arrivé; on n'ignorait point le péril, mais nul ne songeait à reculer. Il n'est rien que l'honneur militaire et la confiance dans le général ne puissent faire entreprendre à une armée.

Tout à coup un bruit de guerre se fait entendre à Lorient. On apprend que l'Autriche a levé de nouveau sa bannière. Le ministre de France à Munich, le même qui avait négocié les préliminaires d'Amiens, fait connaître que les Autrichiens viennent de passer l'Inn et d'entrer en Bavière. Cette nouvelle arrive à Boulogne le 26 août; le même jour les troupes sont débarquées, et le lendemain elles sont en marche vers le Rhin.

L'Autriche, en effet, sollicitée par l'Angleterre, venait de souscrire à une nouvelle coalition. La Russie et la Suède en faisaient partie. Cette coalition sauva peut-être l'Angleterre du péril que le génie téméraire de Napoléon pouvait lui faire courir; mais aussi elle délivra celui-ci du danger attaché à l'exécution de son entreprise, ou de la honte de l'abandonner.

CHAPITRE V.

COMMENCEMENT DU PROCÈS DE MOREAU. — MORT
DU DUC D'ENGHIEN.

Le renouvellement des hostilités entre la France et l'Angleterre, après la rupture de la paix d'Amiens, avait ranimé les espérances des ennemis du premier consul dans les deux pays. On apprit bientôt après que George, Pichegru et d'autres partisans de la cause royale avaient débarqué secrètement sur les côtes de la Manche, et s'étaient rendus à Paris; on sut qu'ils avaient eu des rapports avec Moreau : ce général fut arrêté. Moreau, depuis l'avénement de Napoléon au pouvoir, affectait de vivre à l'écart et dans l'attitude d'un mécontent. Il était donc possible qu'il se fût laissé entraîner dans un complot. Le public, cependant, péniblement affecté par la nouvelle de son arrestation, n'accueillit qu'avec défiance les accusations portées contre lui; la gloire de Moreau lui était chère. Il soupçonna le premier consul d'avoir saisi l'occasion de perdre un rival, et attendit avec anxiété le résultat du procès qui allait s'instruire.

Tandis qu'on était sous l'impression de cet événement, la nouvelle d'une catastrophe plus grave encore, et qui paraissait s'y rattacher, vint jeter l'effroi dans la capitale. On apprit, le 22 mars au matin, que le duc d'Enghien, amené la veille au château de Vincennes, y avait été fusillé dans la nuit. La consternation fut générale. On ignorait les circonstances du fait; la génération nouvelle connaissait à peine l'existence de ce prince; mais on était profondément affligé de voir le premier consul rentrer dans les voies de la révolution, et ternir sa gloire, jusqu'alors si pure, par cette sanglante exécution.

Tout prit, dans Paris, un aspect sinistre. Les barrières furent fermées comme aux jours de crise de la révolution; on ne put sortir de la ville, après la chute du jour, qu'avec une autorisation du gouverneur de Paris.

Le premier consul, renfermé dans la Malmaison, refusa, le premier jour, de voir personne. Il n'admit que le lendemain sa famille et ses ministres. Informé par eux de l'effet produit à Paris par l'exécution du duc d'Enghien, il devint plus sombre encore et plus menaçant. Ses inquiétudes se portèrent sur le corps législatif alors rassemblé : quelque signe de mécontentement pouvait s'y produire ; il donna ordre de clore sa session. Le conseiller d'état Fourcroy reçut un discours de clôture tout fait pour aller le prononcer, et s'acquitta de sa mission. Ce discours parlait de la conspiration découverte et des intrigues des Bourbons. On aurait voulu trouver, dans la réponse du président, quelques mots de félicitation sur l'arrestation des coupables. Le président se renferma dans des généralités sur les travaux de la session, et garda sur le reste un silence absolu.

Le même jour, Napoléon se rendit à Paris, et arriva à l'improviste au conseil d'état, qui était rassemblé pour les affaires courantes. Il entra avec un front sévère, prit place à son fauteuil, et exhala, en ces termes, les sentiments dont il était agité :

« La population de Paris, dit-il, est un ramas de badauds qui ajoutent foi aux bruits les plus ridicules : n'ont-ils pas imaginé de dire que les princes sont cachés dans l'hôtel de l'ambassadeur d'Autriche? comme si je n'oserais les aller chercher dans cet asile!

Sommes-nous à Athènes où les criminels ne pouvaient être poursuivis dans le temple de Minerve? Le marquis de Bedmar ne fut-il pas arrêté, dans sa propre maison, par le sénat de Venise? et n'aurait-il pas été pendu, sans la crainte de la puissance espagnole? Le droit des gens a-t-il été respecté, à Vienne, à l'égard de Bernadotte, notre ambassadeur, quand le drapeau national arboré sur son hôtel a été insulté par une foule menaçante?

« Je respecterai les jugements de l'opinion publique quand ils seront légitimes; mais elle a des caprices qu'il faut savoir mépriser. C'est au gouvernement et à ceux qui en font partie de l'éclairer, non de la suivre dans ses écarts. J'ai pour moi la volonté de la nation et une armée de cinq cent mille hommes. Je saurai, avec cela, faire respecter la république.

« J'aurais pu faire exécuter publiquement le duc d'Enghien; si je ne l'ai pas fait, ce n'est point par crainte, c'est pour ne pas donner occasion aux partisans secrets de cette famille d'éclater et de se perdre. Ils sont tranquilles, c'est tout ce que je leur demande : je ne veux point poursuivre les regrets au fond des cœurs.

Aucune plainte ne m'est portée contre les émigrés amnistiés; ils ne sont pour rien dans la conspiration; ce n'est point chez eux que George et les Polignac ont trouvé asile, mais chez des filles publiques et chez quelques mauvais sujets de Paris.

« Je n'ai garde de revenir aux proscriptions en masse. Ceux qui affectent de le craindre ne le croient point; mais malheur à ceux qui se rendront individuellement coupables! ils seront sévèrement punis.

« Je ne consentirai à la paix avec l'Angleterre qu'autant qu'elle renverra les Bourbons, comme Louis XIV renvoya les Stuarts, parce que leur présence en Angleterre sera toujours dangereuse pour la France. La Russie, la Suède et la Prusse les ont renvoyés. Le prince de Bade n'a pas hésité à me livrer le duc d'Enghien. On ne souffre les autres membres de la famille à Varsovie que parce que j'y consens. Le roi de Prusse m'engageait à faire une pension aux Bourbons pour les soustraire à la dépendance du gouvernement anglais; je m'y suis refusé, parce que je ne veux pas que l'argent de la France aille à ses ennemis et serve à lui faire la guerre.

« Je suis satisfait de la conduite de la Prusse, de l'Autriche et de la Russie. Le comte Markoff, ambassadeur de Russie, ayant voulu protéger le sieur Christian contre moi, je m'en suis plaint à sa cour; elle l'a rappelé.

« J'ai regretté que le Journal de Paris ait publié ce matin les détails de la conspiration avant que j'en eusse entretenu le conseil d'état, qui ne devait pas les apprendre par les journaux; j'ai fait réprimander le rédacteur. »

Napoléon s'interrompit plusieurs fois dans le cours de cette allocution. Il paraissait éprouver le besoin de se justifier et être embarrassé sur ce qu'il devait dire : de là le vague qui règne dans ses paroles et son laconisme sur le fait principal. Personne ne prit la parole après lui; ce silence était significatif. Il se retira, et la séance fut levée. On était trop préoccupé pour se livrer à d'autres discussions.

Mille bruits circulèrent sur les circonstances de l'enlèvement et de la mort du duc d'Enghien, et sur les motifs qui avaient fait agir Napoléon. L'opinion qui prévalut fut qu'il avait voulu rassurer le parti de la révolution contre toute crainte de lui voir donner les mains au retour des Bourbons, et détruire les espérances de leurs partisans. C'était une sanglante réponse aux écrits de Sabathier de Castres, qui avait prédit qu'il rappellerait les Bourbons(1), et à l'ouvrage plus récent de M. Ferrant, qui l'avait provoqué à jouer le rôle de Monk (2). Il tira en effet de leur obscurité, vers la même époque, quelques hommes fameux de la révolution, qu'il avait tenus jusqu'alors à l'écart; mais ces hommes lui étaient plus antipathiques encore que les partisans de l'ancienne dynastie; et de peur qu'ils ne se prévalussent de leur faveur passagère, il déclara hautement que quiconque, dans l'un ou l'autre parti, oserait remuer serait puni inexorablement. On pouvait juger, ajouta-t-il, par le sort du duc d'Enghien, qu'il n'épargnerait personne.

On sut que la mort tragique de ce prince n'avait pas produit une moins pénible sensation à l'étranger qu'en France. On se montrait, en secret, une protestation remise par le ministre de Russie à la diète de Ratisbonne, au nom de son souverain, pour protester contre la violation du territoire germanique et du droit des gens (3). L'ambassadeur de Russie à Londres avait fait, disait-on, en grand appareil, une visite de

(1) Pièces justificatives, n° 1.
(2) Esprit de l'Histoire, tom. IV, p. 113.
(3) Pièces justificatives, n° 2.

condoléance au prince de Condé, grand-père du duc d'Enghien. On faisait circuler ce mot si connu d'un membre du gouvernement de Napoléon : *Que la mort du duc d'Enghien était pis qu'un crime, que c'était une faute.*

CHAPITRE VI.

ÉTABLISSEMENT DU TRÔNE IMPÉRIAL. DISCUSSIONS PRÉLIMINAIRES.

Napoléon fut aussi occupé, dans l'intervalle de la rupture de la paix d'Amiens et de la guerre de 1805 contre l'Autriche, d'échanger son titre partagé et précaire de premier consul à vie contre un titre héréditaire plus en harmonie avec celui des autres souverains.

Beaucoup d'indices avaient préparé les esprits à ce grand changement.

Le premier consul s'était entouré d'une cour semblable à celle des souverains; il avait nommé des préfets du palais pour en faire les honneurs; il ne sortait plus qu'avec une escorte de cavalerie qui accompagnait sa voiture le sabre à la main.

Il avait fait effacer les traces des boulets du 10 août, empreintes sur les murs des Tuileries, et enlever du balcon du Louvre l'écriteau injurieux à Charles IX.

Le journal le plus en crédit, et qui passait pour recevoir les inspirations de Napoléon, prêchait le retour aux principes monarchiques. Il déchirait chaque jour les écrivains de l'école philosophique dont les écrits avaient le plus contribué à la révolution, et allait jusqu'à proposer d'expulser les cendres de Voltaire et de Rousseau du Panthéon.

L'esprit de la nation semblait marcher dans le même sens. Les électeurs ne réélisaient pas les anciens députés, ils envoyaient à leur place les hommes les plus considérables par leur fortune ou par leur naissance.

On citait un fait qui témoignait de l'affaiblissement du pouvoir civil, signe précurseur d'un changement au profit du régime militaire. Le gouverneur de Paris (Junot), dans une occasion solennelle, se substituant au préfet de la Seine, avait harangué Napoléon, à la tête du corps municipal. Celui-ci, mécontent de cette innovation, avait fait mentionner le discours dans *le Moniteur* comme prononcé par le préfet; mais le fait ne subsistait pas moins comme indice d'une tendance à la monarchie, et à la monarchie militaire, car les généraux ne faisaient que suivre la direction de leur chef.

Parmi les savants que Napoléon avait placés dans le sénat, constellation brillante dont il aimait à s'entourer, et où brillaient Lagrange, Laplace, Lacépède, Monge, Berthollet, plusieurs continuaient de professer ; on leur donna à entendre que leur dignité de professeur et les convenances sociales devaient les engager à s'en abstenir : ainsi renaissaient les préjugés de cour, même à l'égard de la plus noble des professions.

On remarquait enfin les progrès du clergé et la réapparition des jésuites, sous le nom de *Pères de la Foi*, à laquelle les autorités n'osaient s'opposer, incertaines des intentions du premier consul.

Toutes ces choses étaient regardées comme les symptômes d'un changement prochain dans la forme du gouvernement.

Napoléon jugea que le moment était venu de le réaliser. Les complots tramés contre sa vie avaient fait naître des alarmes sur ce qu'on deviendrait après lui. On songeait aussi aux périls auxquels il serait exposé s'il exécutait son projet de descente en Angleterre. Quel moment plus favorable pour proposer à la nation de revenir au système de la monarchie héréditaire, qui assure le destin de l'État au-delà de la vie de son chef ?

Déja des adresses envoyées par les divers corps à l'occasion de la découverte du complot contenaient, à cet égard, des insinuations.

Mais il convenait que le premier corps de l'État, le sénat, exprimât un vœu; et la communication qu'on devait lui faire des pièces de la conspiration lui en offrait une occasion naturelle. On résolut de l'amener à se prononcer.

Ces pièces, après que le dépôt en eut été fait par le commissaire du gouvernement, furent renvoyées, suivant l'usage, à une commission; cette commission n'était point dans le secret de ce qu'on préparait. Elle proposa donc un projet d'adresse qui ne contenait que des félicitations sur le danger auquel le premier consul et le pays avaient échappé, sans rien ajouter sur le moyen de s'en garantir pour l'avenir.

Fouché se leva et dit que cela n'était point suffisant; qu'il fallait réclamer des institutions qui détruisissent l'espérance des conspirateurs, en assurant l'existence du gouvernement au-delà de la vie de son chef. Un membre demanda ce qu'il entendait par ces institutions. Fouché refusa de s'expliquer, mais donna à entendre qu'il avait conféré la nuit précédente, sur ce sujet important, avec le premier consul; et un sénateur qui n'avait pas coutume de voter avec lui se leva pour appuyer sa proposition : chacun

4.

comprit que c'était une chose arrangée et qu'il ne serait pas sûr de s'y opposer. On inséra donc dans l'adresse la phrase proposée, mais sans aucun développement. Très-peu de membres savaient où on en voulait venir. Napoléon, dans la crainte de brusquer l'opinion, ne laissait échapper son secret que goutte à goutte. De là des lenteurs dont il se plaignait, comme si elles n'étaient pas son ouvrage, et des hésitations dans ceux qui devaient se prononcer, qui attirèrent à plusieurs sa disgrace. Un amiral lui ayant demandé s'il devait faire voter une adresse pour le trône héréditaire par la flotte sous son commandement, il n'en reçut qu'une réponse évasive, et crut devoir s'abstenir. Une longue disgrace expia cette erreur.

L'adresse adoptée par le sénat, le 27 mars, fut portée au premier consul, le 28, par une députation. Il s'était rendu de la Malmaison aux Tuileries pour la recevoir. Les divers corps de l'État avaient été convoqués auprès de lui, sans que rien leur en fît connaître le motif. On s'interrogeait en arrivant sur l'objet de la convocation.

La députation fut introduite, et donna lecture de l'adresse; le premier consul feignit d'être surpris du vœu exprimé par le sénat. Il répondit vaguement qu'il s'en occuperait dans le courant de l'année, dissimulant sous ces paroles son impatience.

Après que le sénat se fut retiré, il dit à quelques membres du conseil d'état restés près de lui : « Que n'étant pas préparé à cette demande, il n'avait pu faire qu'une réponse vague, mais que le sujet était digne de la plus grande attention ; que, pour lui, il ne demandait rien ; qu'il était content de son sort, mais qu'il devait s'occuper de la France et de son avenir ; qu'il ne voulait être, pour cela, ni en avant ni en arrière de l'opinion ; que, dans tous les cas, il n'accepterait aucun titre nouveau sans le soumettre, comme le consulat à vie, à la sanction du peuple.»

Et se rappelant que, parmi ceux qui l'écoutaient, plusieurs s'étaient fortement compromis avec les Bourbons, et pouvaient craindre que le rétablissement des formes monarchiques ne frayât la voie à leur retour, il ajouta : « Que l'hérédité pouvait seule empêcher la contre-révolution ; qu'on n'avait rien à craindre de son vivant ; mais que tout chef électif serait, après lui, trop faible pour résister aux partisans des Bourbons ; qu'il faudrait nécessairement choisir un général, et qu'aucun n'était en état de lui succéder. »

« La France, dit-il, doit beaucoup à ses

vingt généraux de division; ils ont bravement combattu dans le rang où ils étaient placés; mais aucun n'a l'étoffe d'un général en chef, encore moins d'un chef de gouvernement. L'Europe n'a point vu de général en chef depuis Frédéric et le prince Eugène. »

L'adresse du sénat, toute vague qu'elle était, causa en France beaucoup de sensation, parce qu'il fut aisé d'en apercevoir le but. Elle fut le signal d'un grand nombre d'adresses dans le même sens, dont plusieurs furent plus explicites. Chacun se hâta d'envoyer la sienne. Les militaires craignirent d'être devancés par les fonctionnaires de l'ordre civil, ceux-ci de l'être par les militaires. On pensait que la faveur du nouveau souverain serait pour ceux qui auraient montré le plus d'empressement.

Pendant que l'opinion publique se préparait ainsi, le premier consul, pour lui donner une impulsion encore plus décisive, voulut que le conseil d'état délibérât, hors de sa présence, sur les trois questions suivantes :

Première question. Le gouvernement héréditaire est-il préférable au gouvernement électif?

Seconde question. Est-il convenable d'établir l'hérédité dans le moment actuel?

Troisième question. Comment l'hérédité devrait-elle être établie?

Il ne doutait pas que le conseil d'état ne lui répondît par une déclaration conforme à ses vues; et cette espèce de consultation devait, comme autrefois celles de la Sorbonne, déterminer les consciences incertaines.

Le conseil d'état ne fut pas aussi facile que Napoléon l'avait imaginé. La première question fut vivement débattue, et l'hérédité trouva des adversaires. « Rappelez-vous, dirent ses partisans, le sort de la Pologne; c'est celui qui attend la France si elle s'expose aux orages d'une monarchie élective. Comment compter sur des suffrages libres et consciencieux dans un pays où règne l'amour du luxe, et où tout le monde veut des places? Les puissances étrangères sont toutes prêtes à profiter de nos divisions. Elles n'ont pas déposé leurs ressentiments, ni les partis intérieurs leurs espérances.

« Qu'on ne dise pas que le premier consul pourra prévenir les orages d'une première élection, en usant du droit qui lui est attribué de désigner son successeur: qui fera respecter son choix après qu'il ne sera plus?

« Que sert d'ailleurs de délibérer? L'opinion publique s'est prononcée. Elle a entrevu l'abîme dans lequel nous plongerait la mort du premier consul, et a exprimé le vœu d'un changement dans la constitution; mieux vaut que l'initiative en soit prise par les pouvoirs civils, que de la laisser à l'armée. Il est temps encore de faire des conditions au premier consul, et de lui demander des garanties pour la liberté. On n'aura rien à lui demander quand il sera arrivé par l'armée au souverain pouvoir. »

« Il est aisé, répondit-on, de faire ressortir les avantages de l'hérédité; mais qui n'en connaît les inconvénients, et pour un roi sage et habile, combien compte-t-on de fous ou de tyrans? Long-temps encore la France aura besoin d'avoir à sa tête un homme dont la réputation militaire en impose au dedans et au dehors : comment l'attendre du hasard de la naissance? La nation est plus attachée qu'on ne croit au système républicain pour lequel elle a combattu si long-temps. De quel front, nous qui le lui avons donné comme le meilleur, viendrions-nous lui vanter aujourd'hui le système monarchique? Et qu'on ne dise pas que la république est compatible avec un chef héréditaire ; ce serait se payer d'un vain mot, et tromper le pays. »

Le même dissentiment éclata sur la deuxième question, celle de l'opportunité. Un membre osa demander s'il serait prudent de demander l'adhésion du pays à l'établissement de l'hérédité en faveur de Napoléon, lorsqu'il était encore sous l'impression toute récente de la mort du duc d'Enghien?

La troisième question, *Comment l'hérédité devrait-elle être établie?* rallia plus aisément les esprits; on fut d'accord qu'elle devrait être accompagnée de toutes les garanties propres à rassurer les amis de la liberté;

Qu'une classe intermédiaire (on n'osait dire une noblesse) deviendrait nécessaire entre le trône et le peuple, parce que le trône ne pourrait résister aux orages s'il demeurait le seul point élevé au milieu de la plaine immense de l'égalité.

Les membres sortis de la révolution parlèrent de l'intérêt qu'aurait le nouveau souverain de s'entourer des familles nouvelles. Ceux qui avaient appartenu à la noblesse, dirent qu'il ferait bien de s'attacher les anciennes familles qui voudraient venir à lui.

Un membre fut d'avis que les institutions nouvelles destinées à garantir la liberté ne devaient être mises en vigueur qu'après la mort du premier consul, parce qu'on n'avait rien à craindre de lui. Cette proposition fut rejetée, par le motif que ces garanties étaient le passeport nécessaire de l'hérédité du trône.

Un autre pensa que, tout en établissant l'hérédité, il fallait laisser au premier consul, par exception, le droit de désigner son successeur, s'il n'avait point d'enfants, afin qu'il fût libre de choisir, entre les membres de sa famille, celui qu'il préférerait. On répondit que ce serait consacrer en même temps le principe et le détruire; que si le premier consul craignait de n'avoir point d'enfants de sa femme, il était libre de divorcer; que s'il devait avoir un de ses frères pour successeur, mieux valait suivre l'ordre naturel que de laisser subsister un doute qui serait dans sa famille et dans l'État une cause de trouble et de discorde. Le bruit courait déja que cette question, agitée dans la famille de Napoléon, y avait fait naître de fâcheuses divisions.

On discuta la question de savoir quel serait le nouveau titre du chef héréditaire de l'État; s'appellerait-il *consul*, ou *prince*, ou *empereur?* Personne ne proposa le titre de *roi*. Rétablir la chose était possible, mais le nom, nul ne l'aurait osé. Le titre de consul, ou de prince, semblait trop modeste, et celui d'empereur trop ambitieux. On objectait contre celui-ci le souvenir de l'humble condition dans laquelle avait vécu la famille de Napoléon; ceux qui l'avaient vue dans sa médiocrité s'accoutumeraient difficilement, disait-on, à y voir une famille impériale. Rien ne fut décidé sur ce point.

Les présidents des sections, après que la discussion fut terminée, se retirèrent pour rédiger la réponse du conseil aux trois questions. Leur projet ne satisfit personne (1) : les uns le trouvaient trop républicain, les autres trop monarchique. On proposa une foule d'amendements : il fut impossible de s'entendre; on convint, de guerre lasse, que chacun rédigerait sa réponse aux trois questions, et l'enverrait directement au premier consul. Ce fut un mécompte pour celui-ci, qui n'avait que faire de ces opinions individuelles, mais qui voulait la déclaration d'un corps pour s'en faire un appui dans l'opinion.

Un si mince accident ne pouvait arrêter, ni même retarder Napoléon dans l'exécution de son projet. Le sénat et le tribunat furent invités, par un message, à lui dire toute leur pensée sur les grandes questions qui préoccupaient les esprits. Le corps législatif était absent; des conférences eurent lieu chez Joseph, où furent appelés les membres les plus influents du sénat et quelques membres du corps législatif qui se trouvaient à Paris. « Hatez-vous, leur dit-on, de vous prononcer, si vous ne voulez être devancés par les troupes; le premier consul va parcourir les camps disséminés depuis Brest jusque dans le Hanovre. Nul doute que les sol-

(1) Pièces justificatives, n° 3.

dats ne le saluent empereur, et que les acclamations du peuple ne confirment le vœu de l'armée. Que pourront faire les grands corps de l'État, sinon de sanctionner ce vœu? Il sera donc plus sage, de leur part, de le prévenir. On veut bien aujourd'hui les consulter; demain on se passsera d'eux. C'est surtout aux hommes de la révolution qu'il convient de prendre l'initiative; car qui est plus intéressé à consolider le pouvoir du premier consul, et fermer toute chance de retour aux Bourbons? Le titre de *consul héréditaire* ne saurait suffire au premier consul ; il lui en faut un qui ne sente point la république : celui d'empereur est le seul digne de lui et de la France.»

Telle était, en effet, l'impatience des troupes, que la garnison de Paris avait résolu de proclamer le premier consul empereur à la prochaine revue. Il fallut que le gouverneur de Paris (Murat), mandât chez lui les officiers, et leur fît promettre de retenir leurs soldats. On convint que s'il n'y avait rien de fait dans huit jours, les troupes seraient laissées maîtresses de se livrer à leur élan. Le premier consul voulait entraîner les grands corps de l'État par la crainte de l'armée; mais il aurait été fâché qu'elle prît l'initiative, et que son avénement à la suprême puissance eût porté trop ouvertement, comme au 18 brumaire, le caractère d'une révolution militaire.

CHAPITRE VII.

SUITE DE L'ÉTABLISSEMENT DU TRÔNE IMPÉRIAL.—
SÉNATUS-CONSULTE.

Après que tout eut été préparé derrière la toile pour le rôle que les grands corps de l'État devaient jouer dans l'avénement de Napoléon à la dignité impériale, l'action commença devant le public.

Le tribunat prit l'initiative. Un de ses membres, qui avait été désigné pour faire la proposition, et dont le discours avait été communiqué au premier consul, ouvrit l'avis, dans le sein de ce corps, que le premier consul fût revêtu d'un pouvoir héréditaire, sous le titre *d'Empereur.*

Cet avis, combattu par cinq ou six membres seulement, fut adopté et converti en résolution. La résolution, portée au sénat, n'y rencontra guère plus d'opposition. Volney, Grégoire, Sieyès,

Lanjuinais votèrent contre. Les membres de la société d'Auteuil, Cabanis, Praslin, etc., s'abstinrent de voter, déclarant qu'ils s'en rapportaient à la sagesse du sénat. On rédigea une adresse pour inviter le premier consul à se rendre au vœu de la nation, et un mémoire par lequel le sénat demandait :

1° Que la dignité des sénateurs fût également héréditaire, et qu'ils ne pussent être jugés que par le sénat ;

2° Que le sénat eût l'initiative des lois, ou le *veto* ;

3° Que le conseil d'état ne pût interpréter les sénatus-consultes ;

4° Que deux commissions fussent instituées dans le sein du sénat, pour protéger, l'une la liberté de la presse, l'autre la liberté individuelle.

Le premier consul témoigna, dans le conseil d'état, un vif mécontentement des prétentions que le sénat osait élever.

« Quelque jour, dit-il, le sénat profitera de la faiblesse de mes successeurs pour s'emparer du gouvernement. On sait ce que c'est que l'esprit de corps ; cet esprit le poussera à augmenter par tous les moyens son pouvoir. Il détruira, s'il le peut, le corps législatif, et si l'occasion s'en présente, il pactisera avec les Bourbons aux dépens des libertés de la nation.

« Le sénat veut être législateur, électeur, et juge; une telle réunion de pouvoirs serait monstrueuse. Il affecte de se regarder comme le gardien des libertés du pays; mais quel meilleur gardien peuvent-elles avoir que le prince? et s'il voulait les attaquer, qui est-ce qui pourrait prévaloir contre lui?

« Le sénat se trompe s'il croit avoir un caractère national et représentatif; ce n'est qu'une autorité constituée qui émane du gouvernement comme les autres. On lui a attribué, comme corps, une certaine puissance, mais ses membres, individuellement, ne sont rien.

« Les prétentions du sénat sont des réminiscences de la constitution anglaise; mais rien n'est plus différent que la France et l'Angleterre. Le Français habite sous un beau ciel, boit un vin ardent et capiteux, et se nourrit d'aliments qui excitent l'activité de ses sens; l'Anglais, au contraire, vit sur un sol humide, sous un soleil presque froid, boit de la bière ou du porter, et consomme beaucoup de laitages. Le sang des deux peuples n'est pas composé de mêmes éléments; leur caractère ne saurait être non plus le même. L'un est vain, léger, audacieux, amoureux, par-dessus tout, de l'égalité; on l'a vu, à toutes les époques de l'histoire, faire la guerre aux supériorités de rang et de fortune; l'autre a de l'orgueil plutôt que de la vanité, il est naturellement grave, et ne s'attaque pas à des distinctions frivoles, mais aux abus sérieux; il est plus jaloux de conserver ses droits que d'usurper ceux des autres : l'Anglais est à la fois fier et humble, indépendant et soumis. Comment songer à donner les mêmes institutions à deux peuples si différents? Qui protégerait en France les pouvoirs des chambres contre un prince qui disposerait d'une armée de quatre cent mille hommes, dont la situation géographique du pays lui fera toujours une nécessité?

« J'entends exclure, pour le moment, de ma succession politique deux de mes frères : l'un parce qu'il a fait, malgré tout son esprit, un mariage de carnaval; l'autre parce qu'il s'est permis d'épouser, sans mon consentement, une Américaine. Je leur rendrai leurs droits, s'ils renoncent à leurs femmes.

« Quant aux maris de mes sœurs, ils n'ont rien à prétendre. Je n'arrive point à l'empire par droit de succession, mais par le vœu du peuple ; j'en puis faire part à qui il me plaît.

« On a dit que si je prononce des exclusions, elles peuvent n'être point respectées ; on a cité le testament de Louis XIV. Les circonstances n'auront rien de semblable. Louis XIV avait eu le tort d'appeler à la régence un prince non guerrier, fruit d'un commerce illégitime ; il fut aisé au duc d'Orléans d'effrayer le duc du Maine en le menaçant, s'il résistait, de le faire déclarer adultérin, et de le priver de son rang de prince. Louis XIV, d'ailleurs, quand il mourut, avait perdu le respect et l'amour du peuple ; delà le mépris qu'on montra pour ses dernières volontés. »

Cette allocution se prolongea et remplit toute la séance ; rien ne fut délibéré. Napoléon tint plusieurs conseils privés sur cette grave matière. Il y appela des membres du sénat, du tribunat, du corps législatif et du conseil d'état. Les membres du tribunat demandèrent que la durée de leurs fonctions fût de dix années, au lieu de cinq, et leur traitement de vingt-cinq mille francs, au lieu de quinze. Le président du corps législatif crut devoir demander aussi, pour son corps, une augmentation dans la durée des fonctions et dans le traitement. Le sénat avait déja fait ses conditions; le conseil d'état seul ne demanda rien pour lui.

Après que tout eut été réglé dans ces conférences, le premier consul fit rédiger un projet de sénatus-consulte qui fut porté au sénat. Celui-ci nomma une commission, qui fit son rapport séance tenante, et, le même jour, le sénat était en marche pour porter à Napoléon, à Saint-Cloud, l'acte qui le déclarait empereur.

On avait si bien compté sur l'empressement du sénat qu'il put voir, en passant devant le Champ-de-Mars, les canonniers à leurs pièces prêts à annoncer à la capitale le changement opéré dans la forme du gouvernement. Il trouva tout disposé à Saint-Cloud pour le recevoir; on l'introduisit dans le salon où le premier consul l'attendait, entouré du conseil d'état. Le second consul (Cambacérès), en sa qualité de président du sénat, lut le sénatus-consulte, et prononça un discours. Napoléon parut ému. Il répondit, en peu de mots, qu'il acceptait l'empire pour travailler au bonheur des Français. S'approchant ensuite du second consul, dont le titre s'évanouissait, il lui adressa des paroles obligeantes sur sa vie politique et sur les services qu'il avait rendus. On passa de là chez madame Bonaparte (c'est ainsi qu'on l'appelait encore) pour la complimenter sur son nouveau titre. Elle était entourée des sœurs du premier consul. Chacun observa de quelle manière ces dames recevaient le compliment de leur grandeur nouvelle. On crut remarquer dans leur physionomie un peu d'embarras mêlé à une vive satisfaction.

Les habitants de Paris apprirent par des salves d'artillerie que la forme du gouvernement était changée; quelques fonctionnaires illuminèrent, le soir, leurs maisons. Ce fut tout le témoignage de la joie publique, non que l'avénement du premier consul à l'empire fût vu avec déplaisir, mais c'était à peine un événement, tant il avait déja la réalité du pouvoir suprême!

Cependant ce changement fut, le lendemain, le sujet de toutes les conversations, et les critiques ne furent pas épargnées. « Chacun, disait-on, n'a pensé qu'à soi. Les grands de l'État n'ont stipulé que pour leurs intérêts. Pourquoi le corps législatif, seul corps élu par le pays, n'a-t-il pas été appelé? Le nouvel empereur, nommant jusqu'aux maires de village, aura plus de pouvoir que n'en avaient les rois de France. Pourquoi toutes ces dignités de cour? Elles sont créées évidemment pour satisfaire la vanité des personnes, et non pour l'intérêt du pays. » C'était surtout de la part des anciens patriotes et des jeunes qu'on entendait ces plaintes, parce qu'ils voyaient, à regret, s'évanouir le rêve de république; les anciennes familles se plaignirent aussi. L'égalité, seule consolation de la perte de leurs priviléges, allait leur être enlevée par l'institution d'une noblesse prise dans les familles nouvelles.

On cita divers exemples d'une opposition éclatante à l'ambition du premier consul. Un auteur tragique, long-temps son ami, lui avait renvoyé, disait-on, sa croix d'honneur; un membre du sénat (Volney) et deux membres de l'institut (Lareveillère-Lépaux et Duperron) avaient imité son exemple. On disait que l'institut lui-même avait refusé de voter une adresse pour l'établissement de l'empire. Le fait est qu'il allait la voter quand on vint lui dire que le sénat était parti pour porter le sénatus-consulte, et qu'il n'était plus temps. Il se fit excuser auprès de l'empereur, et ses membres n'osèrent, pendant quelque temps, paraître à ses cercles dans leur costume, tant ils craignaient d'avoir encouru sa disgrace !

On fit beaucoup de plaisanteries, dans les salons, sur les nouveaux titres d'excellence et d'altesse dont certains personnages allaient être revêtus; les épigrammes et les calembours ne manquèrent pas; quelques caricatures circulèrent secrètement; on hasarda quelques allusions au théâtre; mais aucune résistance sérieuse ne se manifesta nulle part, et on fut aussi façonné, au bout de quelques jours, aux habitudes de cour qu'on pouvait l'être sous Louis XV ou sous Lous XVI.

Il fallut cependant organiser cette cour sur un pied convenable. On exhuma de la poudre des bibliothèques tous les livres sur la matière. Un vieux gentilhomme, ancien page du roi, fut appelé de la province pour donner les traditions de Versailles. Son arrivée dans le salon des Tuileries fut un événement. On n'avait vu depuis long-temps qu'au théâtre les personnages de l'ancienne cour avec leur tête poudrée et frisée, et leur air important et frivole; celui-ci se présentait comme un oracle qui va révéler le secret des âges, et renouer, comme on a dit, la chaîne des temps. On parvint, avec son aide, à retrouver les lois de l'ancienne étiquette, et à en composer un volume aussi considérable que celui du Code civil. On eut des chambellans, des écuyers, un grand-maître des cérémonies, un grand-veneur. Chacun sut la place qu'il devait occuper dans la longue suite des salles du palais. Toutes les dignités, toutes les fonctions, eurent leur costume distinctif. Napoléon régla lui-même celui que devait porter l'impératrice, et le fit essayer devant lui.

Avec la cour reparurent les idées qui y prennent habituellement naissance. On excitait déja Napoléon à s'établir à Versailles, sans s'inquiéter des trente millions à dépenser pour réparer ce palais. On l'engageait à rétablir le régime odieux des anciennes capitaineries des chasses, pour que les propriétaires voisins de ses forêts ne pussent pas, en chassant chez eux, détruire ce qu'on appelait *ses plaisirs*. Napoléon, il faut lui rendre cette justice, résista à ces excitations; mais il avait le tort de les faire naître : heureux encore si elles n'avaient porté que sur ces objets frivoles, et si l'esprit de flatterie s'était renfermé dans l'enceinte du palais! mais on eut bientôt occasion de reconnaître à quel point il avait gagné les grands corps de l'État.

Le sénat ayant à présenter à Napoléon une liste de candidats, pris parmi ses membres, pour les sénatoreries, affecta de ne porter sur la liste aucun de ceux qui avaient voté contre l'établissement de l'empire; c'étaient précisément les noms les plus marquants de ce corps, Sieyes, Lanjuinais, etc. Napoléon s'en montra indigné.

« Les lâches, s'écria-t-il, ont eu peur de

me déplaire! Qui les a chargés de ma querelle? ne suis-je pas assez fort pour me défendre? Quel fond pourrai-je faire sur des hommes qui abandonnent ainsi leurs collègues et leurs amis, ceux à qui ils doivent, pour la plupart, d'être ce qu'ils sont? »

Étrange inconséquence d'avoir façonné les hommes à la servitude et de s'en indigner! Serait-ce qu'en allant au-devant des ordres, elle ôte le plaisir d'ordonner? ou plutôt n'est-ce pas qu'on voudrait avoir à la fois les douceurs du pouvoir absolu et la gloire de commander à des hommes libres?

CHAPITRE VIII.

SUITE DU PROCÈS DE MOREAU. — DISCUSSION SUR
LE JURY.

Tandis que Napoléon s'élevait au faîte du pouvoir, le procès de Moreau se poursuivait, et les inquiétudes qu'il lui causa troublèrent plus d'une fois la joie de son élévation. Un vif intérêt se manifestait dans l'armée et dans le pays en faveur de l'accusé. Le général Lecourbe, son compagnon d'armes, assistait aux audiences, lui serrait la main à son passage, et tenait des propos menaçants contre le gouvernement. Le public suivait avec anxiété les débats. On s'interrogeait sur le succès d'une démarche que madame Moreau avait dû faire auprès de Napoléon. Plus le dénoûment approchait, plus la fermentation des esprits semblait s'accroître. Il était impossible de prévoir jusqu'où elle irait si Moreau était condamné à mort.

Aussi, à l'approche du jugement, le gouvernement multiplia les précautions. Tout prit dans Paris un aspect menaçant. Les troupes de la garnison furent consignées dans leurs casernes, et se tinrent prêtes à marcher : mais pouvait-on compter sur elles? Les chefs de corps avaient au contraire de vives craintes, et ils n'osaient les manifester à l'empereur, de peur de lui déplaire, ou de le porter à des mesures violentes. Il en savait cependant assez pour être inquiet. Il voulut que ses aides-de-camp visitassent toute la nuit les postes, et lui rendissent compte, d'heure en heure, de l'état de Paris. La capitale n'était pas le seul point dont on fût préoccupé ; il était à craindre que la condamnation de Moreau n'excitât une vive émotion parmi les troupes rassemblées au camp de Boulogne.

La douceur du jugement fit cesser ces craintes. Moreau fut condamné seulement à deux ans de prison, et l'agitation des esprits se calma. MM. La Rivière et Polignac furent condamnés à la peine capitale ; Napoléon la commua en une détention perpétuelle. Il se montra très-irrité de l'indulgence des juges à l'égard de Moreau, et des considérants de leur jugement. Ils avaient rendu, disait-il, un sénatus-consulte. Quand madame

Moreau se présenta chez lui pour lui demander la remise de la peine, il répondit que les juges ne lui avaient laissé rien à faire. On aurait voulu qu'il eût renvoyé Moreau libre à sa terre de Gros-Bois. Ne ferait-il rien, disaient les anciens patriotes, pour un général qui avait défendu la France avec tant de gloire, lui qui venait de faire grace à ceux qui avaient porté quinze ans les armes contre elle? Napoléon voulut que le jugement eût son cours.

Il exhala, quelque temps après, dans le conseil d'état, à l'occasion d'une discussion sur le jury, son ressentiment de l'issue de ce procès. Moreau avait été jugé par un tribunal spécial... Mais, puisque ce tribunal avait obéi, selon lui, aux influences extérieures, qu'aurait-ce été d'un jury?

« Les jurés, dit-il, acquittent presque toujours les coupables. L'Angleterre elle-même l'a reconnu; et si elle conserve le jury, c'est moins comme institution judiciaire que comme institution politique; elle y voit une garantie contre le pouvoir de la couronne: mais pense-t-on qu'un tyran n'aurait pas autant de prise sur des jurés que sur des juges à vie? Que signifie aujourd'hui la question intentionnelle? N'est-ce pas un double emploi depuis que le droit de grace attribué au souverain l'a mis à même d'adoucir ce que l'application de la loi peut avoir dans certains cas de trop rigoureux ? »

L'institution du jury courut le risque dans cette occasion d'être supprimée. Elle fut attaquée par Napoléon, et défendue par plusieurs membres; Treillard fut celui qui tint tête à l'empereur avec le plus d'opiniâtreté. « Il faut convenir, lui dit Napoléon, que vous êtes bien entêté. — Votre Majesté, répondit Treillard, ne tient pas moins à son opinion. » La question fut mise aux voix, et dix membres votèrent avec le maître, c'est-à-dire pour la suppression du jury.

Napoléon se plaignit vivement, dans cette discussion, de la conduite des avocats de Paris.

« L'un d'eux, dit-il, n'a pas craint, dans le procès de Morcau, de faire publiquement l'éloge du comte d'Artois; un autre, appelé à Lyon, pour défendre un homme qui avait tué le gendarme chargé de l'arrêter, a professé le droit de résistance à l'autorité. On les trouve toujours prêts à empiéter sur le terrain de la politique; ils attaquent en toute occasion la loi du divorce et celle des biens nationaux : c'est ainsi qu'on sape toutes les bases du gouvernement. Je leur défendrai d'aller plaider dans les départements sans la permission du grand-juge, et cette permission ne sera donnée qu'à ceux qui n'en pourront pas abuser; si ce moyen ne suffit pas pour contenir les avocats, j'en saurai trouver de plus efficaces. »

CHAPITRE IX.

PREMIÈRE DISTRIBUTION DE LA LÉGION-D'HONNEUR. — RENTRÉE DE FOUCHÉ A LA POLICE GÉNÉRALE.

Ce fut vers ce même temps qu'eut lieu la première distribution des décorations de la Légion-d'Honneur. Napoléon, en revenant à ce genre de distinction aboli par la révolution, avait bien jugé le faible de la nation. Il pensait que l'abolition avait procédé de jalousie plus que d'un véritable principe de désintéressement et de modestie...qu'on murmurerait d'abord, mais que chacun bientôt voudrait avoir part à la décoration nouvelle. On se plaignit, en effet, qu'elle blessait l'égalité, que son nom même serait une injure pour ceux qui demeureraient en dehors : ces plaintes trahissaient la crainte de ne pas l'obtenir, plus que le regret de son établissement. Napoléon laissa un certain temps à l'opinion pour s'y accoutumer avant de faire la première distribution des croix. Il choisit enfin, pour cette cérémonie, l'anniversaire du 14 juillet. Cette attention de tirer parti des anniversaires pour frapper l'imagination était un des traits distinctifs de son caractère ou de sa politique. Le grand-chancelier du nouvel ordre (Lacépède) ne manqua pas de dire que l'empereur avait choisi ce jour pour marquer que l'institution de la Légion-d'Honneur était la consécration de la victoire du 14 juillet et de la révolution de 1789. Singulière consécration que celle qui rétablissait ce que cette victoire et cette révolution avaient aboli! Le fait est que Napoléon, qui connaissait le caractère national, avait vu le parti qu'il pourrait tirer d'une distinction aussi propre à flatter la vanité. Il voulait rétablir les idées monarchiques; et il avait lu dans Montesquieu, ou plutôt dans son instinct, que le principe de la monarchie, c'est l'honneur, et que le prince doit être la source de tous les honneurs. Tel fut le double objet de l'institution. L'événement a prouvé que Napoléon ne s'était point trompé. L'histoire dira que ce ruban, tout frivole qu'il est aux yeux du philosophe, n'a pas été une des moindres causes de l'émulation extraordinaire avec laquelle Napoléon fut servi et de ses prodigieux succès.

La distribution des décorations se fit sous le magnifique dôme des Invalides, à l'ombre des drapeaux conquis par nos armées. On vit s'approcher tour à tour de Napoléon, pour recevoir la croix, le maréchal de France et le simple soldat, le sénateur et le maire de village. Beaucoup de soldats étaient mutilés ; plusieurs avaient perdu la vue en Égypte, et ne pouvaient voir cette décoration, qu'ils recevaient pourtant avec tant de joie.

Napoléon se montra particulièrement affable envers les militaires. On voyait qu'il voulait effacer en eux l'impression du procès de Moreau, et leur montrer qu'ils ne seraient pas traités avec moins d'égards sous la monarchie que sous la république. On remarqua qu'en lisant la formule du serment aux récipiendaires il appuya avec force sur ces mots : *Je jure de maintenir l'intégrité du territoire français.* Sa voix en les prononçant respirait la guerre ; on voyait qu'il ne céderait pas un pouce de ce qu'il avait conquis. C'était bien le même homme qui, dix ans plus tard, quand il était près de succomber sous les efforts de l'Europe conjurée, déclarait que quand l'ennemi serait à Montmartre, il n'abandonnerait pas un village de son empire, qui s'étendait alors depuis Hambourg jusqu'à Rome.

Parmi les personnages présents à la cérémonie on distinguait l'amiral T......, Lecourbe,

Macdonald, Masséna, Jourdan, illustres guerriers, fils de la révolution, qui passaient pour ne pas voir d'un bon œil le régime qui lui succédait. Les yeux du public se fixaient sur eux. On était curieux de voir s'ils seraient appelés pour recevoir la croix, et quel accueil leur ferait Napoléon. Les deux premiers ne furent point appelés ; on remarqua que le grand-chancelier, après avoir eu un colloque à voix basse avec Napoléon, s'approcha d'eux, et qu'ils se retirèrent. C'était le commencement d'une disgrace, qui se prolongea long-temps.

Napoléon rétablit, à cette époque, le ministère de la police générale qu'il avait réuni à celui de la justice, et le rendit à Fouché. Celui-ci lui inspirait une certaine défiance, et il n'avait supprimé le ministère que pour l'écarter ; mais les complots qui se multiplièrent depuis contre sa personne, et les dangers qu'il courut, semblèrent annoncer que la police était dirigée avec moins d'habileté. Fouché allait le voir tous les matins, et ne négligeait rien pour lui suggérer l'idée de le rappeler. On rapporte qu'en quittant le ministère il avait laissé dans les bureaux un homme qui le tenait au courant de tout ce qu'il y avait d'important, et qui n'entretenait le ministre que de choses plus ou moins insignifiantes, en sorte que Napoléon en apprenait plus par Fouché, que par les rapports de son ministre. Il lui rendit donc un ministère pour lequel il semblait né ; mais il plaça près de lui plusieurs conseillers d'état, entre lesquels le territoire de la France fut partagé : c'était en apparence pour le seconder, et en réalité pour ne pas lui laisser un pouvoir sans contrôle.

La conversation de Fouché avait beaucoup d'attrait pour Napoléon, parce qu'il l'entretenait seulement de la police politique, c'est-à-dire de ce qui avait rapport aux partis, aux intrigues diplomatiques, à celles de la cour, et jamais de la police des rues ou des grands chemins, dont ils ne se souciaient ni l'un ni l'autre. Fouché signait sans le lire tout ce qui se rapportait à cette police subalterne. C'était un esprit vif et hardi, qui cachait beaucoup de profondeur sous une apparence de légèreté. Il sautait, avec l'agilité d'un écureuil, d'un sujet à un autre, sans jamais en approfondir aucun. Cette pétulance, feinte ou naturelle, était chez lui la sauvegarde du secret. Son caractère ne permettait pas qu'il se maintînt long-temps au pouvoir ni sous un gouvernement libre, ni sous un gouvernement absolu ; il n'avait ni assez de franchise pour l'un, ni assez de soumission pour l'autre. Il conserva toujours, dans la cour de Napoléon, les manières libres d'un conventionnel.

6

Napoléon déclara que c'était malgré lui qu'il rétablissait le ministère de la police générale, que les intrigues de l'Angleterre l'y forçaient ; mais qu'il le supprimerait à la paix générale. Ce ministère, dans quelques mains qu'il fût placé, lui paraissait un pouvoir presque rival du sien, et qui pouvait se tourner contre lui. Cette défiance le porta à multiplier les contre-polices : il y avait celle du palais confiée au grand-maréchal, celle de Paris dirigée par le gouverneur militaire, et celle plus étendue de l'inspecteur général de la gendarmerie : les gendarmes, répandus sur tous les points de la France, devaient mettre chaque jour à la poste le bulletin de ce qui s'était passé. Les chefs de ces polices travaillaient directement avec l'empereur.

Le ministre Fouché, malgré les précautions prises contre lui, acquit l'importance que devaient lui donner son caractère et sa position. Il fut le seul homme influent sous Napoléon. Cette influence trop manifestée amena sa disgrace. Napoléon prit ombrage du service qu'il lui rendit en levant, en son absence, une armée pour défendre Anvers contre l'attaque inopinée des Anglais. « Vous pouviez donc, lui dit-il, la lever contre moi. » Leur brouillerie fut comme celle des amants. Napoléon lui redemanda ses lettres. Fouché prétendit qu'il les avait brûlées. Napoléon dicta un décret *ab irato*, pour mettre à l'avenir les scellés sur les papiers de tout ministre qui cesserait ses fonctions. Il éloigna Fouché en le nommant gouverneur de Rome. « Je n'ai que deux villes, lui dit-il, Paris et Rome ; je vous donne Rome, vous devez être content. »

6.

CHAPITRE X.

DÉLIBÉRATIONS SUR LE COURONNEMENT.

Napoléon, devenu empereur par le vœu du sénat et par la sanction du peuple, voulut qu'une autre sanction, celle d'un sacre et d'un couronnement, consacrât l'avénement de sa dynastie. Il chargea M. Denon, directeur du Musée, de rechercher dans les anciennes chroniques ce qui s'était fait en pareil cas; et un programme fut rédigé, dont il fit donner lecture en sa présence, dans le conseil d'état. Il parut absorbé, pendant ce temps, dans une profonde rêverie. L'opposition qu'il avait rencontrée dans Paris, à l'occasion de la mort du duc d'Enghien et du procès de Moreau, pesait sur son cœur. La lecture finie, il exhala en ces termes son ressentiment :

« Ne serait-il pas possible de choisir une autre ville que Paris pour le couronnement? Cette ville a toujours fait le malheur de la France : ses habitants sont ingrats et légers; ils ont tenu des propos atroces contre moi. Ils se seraient réjouis du triomphe de Georges et de ma perte. Je ne me croirais pas en sûreté à Paris sans une nombreuse garnison; mais j'ai deux cent mille hommes à mes ordres, et quinze cents suffiraient pour mettre les Parisiens à la raison. Les banquiers et les agents de change regrettent, sans doute, que l'intérêt de l'argent ne soit plus à cinq pour cent par mois; plusieurs mériteraient d'être exilés à cent lieues de Paris. Je sais qu'ils ont répandu de l'argent parmi le peuple pour le porter à l'insurrection. J'ai fait semblant de sommeiller depuis un mois : j'ai voulu voir jusqu'où irait la malveillance; mais qu'on y prenne garde! mon réveil sera celui du lion.

« Je sais qu'on déclame contre moi, non seulement dans les lieux publics, mais dans les réunions particulières, et que des fonctionnaires, dont le devoir serait de soutenir mon gouvernement, gardent lâchement le silence, ou même se joignent à mes détracteurs.

« On se déchaîne contre des hommes qui m'ont rendu, dans ces dernières circonstances, d'importants services, pour me forcer sans doute à les éloigner; mais je saurai les soutenir : on se trompe si on me prend pour un roi fainéant dont on fait ce qu'on veut.

« Quels bruits absurdes ne répand-on pas? N'a-t-on pas dit que les camps de Boulogne et de Compiègne étaient au moment de s'insurger? Ces bruits, transmis aux cours étrangères, font croire que le gouvernement est mal assis : on aurait dû en rechercher les auteurs et les punir. Le préfet de Paris devait mander les maires des douze arrondissements, le conseil municipal, les agents de change, tous ceux qui ont action sur l'opinion, pour leur enseigner à la mieux diriger. On m'a fait faire de mauvais choix pour le conseil municipal; je sais qu'un de ses membres, M. P..., a répandu de l'argent lors du procès de Moreau. Il n'est rien qu'on ne fasse pour indisposer la capitale contre moi. »

Après cette violente sortie de Napoléon contre

Paris, un morne silence régna dans le conseil; ses membres paraissaient eux-mêmes inculpés par les reproches faits aux fonctionnaires. L'un d'eux cependant hasarda de dire que l'esprit d'opposition de Paris avait été exagéré; qu'il l'avait été peut-être à dessein par les ennemis du gouvernement, pour entraîner celui-ci dans des mesures extrêmes qui lui aliéneraient encore plus la population. Napoléon fit un signe d'incrédulité, et répéta, avec l'accent d'une colère concentrée: « Qu'on y prenne garde! le lion sommeille, mais il n'est pas mort. »

Le fait est que Paris était alors, comme toujours, un foyer d'opposition, et que Napoléon s'était refusé à ce qu'on lui envoyât des députations des départements pour le complimenter, de peur qu'elles ne s'inoculassent cet esprit et ne le remportassent dans leurs départements. On avait remarqué, dans *la Gazette de France*, un article, auquel on pensait qu'il n'était pas étranger, sur les motifs qui avaient déterminé Constantin à quitter Rome, et à transporter le siége de l'empire à Byzance (1). Au premier rang de ces motifs était le mauvais esprit des habitants de Rome, toujours disposés à blâmer le pouvoir. C'était un avertissement donné à la

____

(1) Pièces justificatives, n° 4.

ville de Paris, qu'elle pourrait cesser aussi d'être la capitale, et on disait que Napoléon pensait sérieusement à s'établir à Rome.

Quoi qu'il en soit, après sa digression contre Paris, il parla de la cérémonie du couronnement, et chercha quelle serait, pour cela, l'époque la plus convenable. On avait pensé au 15 août, qui était l'anniversaire de sa naissance. Il demanda si l'anniversaire du 18 brumaire ne serait pas plus convenable. Les vendanges du Midi et les moissons du Nord seraient faites; chacun serait plus libre de se rendre à Paris. On objecta que si la cérémonie devait avoir lieu en plein air, au Champ-de-Mars, le 18 brumaire serait une époque trop avancée de la saison. Napoléon répliqua qu'elle pouvait avoir lieu dans une église; qu'il n'était pas nécessaire qu'elle eût tout le peuple pour témoin, que la présence des députations des départements et celle des fonctionnaires suffisait.

« On a songé au Champ-de-Mars, dit-il, par réminiscence de la fédération, mais les temps sont bien changés : le peuple alors était souverain, tout devait se faire devant lui; gardons-nous de lui donner à penser qu'il en est toujours ainsi. Le peuple aujourd'hui est représenté par les pouvoirs légaux. Je ne saurais voir d'ailleurs le peuple de Paris, encore moins le peuple français, dans vingt ou trente mille poissardes, ou autres gens de cette espèce, qui envahiraient le Champ-de-Mars ; je n'y vois que la populace ignare et corrompue d'une grande ville. Le véritable peuple, en France, ce sont les présidents de cantons et les présidents des colléges électoraux ; c'est l'armée, dans les rangs de laquelle sont des soldats de toutes les communes de la France.

« Se représente-t-on l'effet que produiraient l'empereur et sa famille exposés, dans leurs habits impériaux, à l'injure du temps, à la boue, à la poussière, ou à la pluie ? Quel sujet de plaisanteries pour les Parisiens, qui aiment tant à tourner tout en ridicule, et qui sont accoutumés à voir Chéron, à l'Opéra, et Talma, au Théâtre-Français, faire l'empereur beaucoup mieux que je ne saurais le faire !

« On a parlé de célébrer la cérémonie dans l'église des Invalides, à cause des souvenirs guerriers qui s'y rattachent ; mais celle de Notre-Dame vaudra mieux, elle est plus vaste, elle a aussi ses souvenirs qui parlent davantage à l'imagination ; elle donnera à la solennité un caractère plus auguste.

Un membre insista pour les Invalides :
« Cette église, dit-il, est moins dans la main du clergé, parce qu'elle n'est pas une paroisse ; c'est pour cela qu'il faut la choisir : on comprendra mieux que la cérémonie n'est pas exclusivement religieuse, et qu'elle est surtout politique. Notre-Dame rappellerait trop au clergé le temps où il donnait et ôtait la couronne. Cet édifice est purement diocésain ; les Invalides, au contraire, appartiennent à la France, et conviennent mieux, sous ce rapport, pour une cérémonie nationale. Les abords des Invalides sont faciles et spacieux ; ceux de Notre-Dame sont étroits et embarrassés ; il serait plus difficile d'y maintenir l'ordre et la sûreté.

« Ces motifs, répondit l'empereur, sont frivoles ; l'ordre à maintenir est l'affaire de la police. Il ne faut pas pour si peu de chose mortifier le clergé et renoncer à un lieu convenable. La cathédrale a un caractère plus auguste et plus propre à entourer la cérémonie d'une sorte de respect divin. Elle est consacrée par la tradition pour cet usage. Le cortége ne sera pas d'ailleurs si nombreux qu'on le suppose. Il n'y aura que les fonctionnaires désignés par le sénatus-consulte du 28 floréal, c'est-à-dire les présidents de cantons, les maires des grandes villes, les présidents des colléges électoraux, les présidents des tribunaux.

« On y ajoutera une députation de la garde nationale de chaque département et une députation de chaque corps de l'armée de terre et de mer; je remettrai à chacun un drapeau.

« Je ne veux point de députations des états majors des divisions militaires; ce serait reconnaître, en matière politique, une autre circonscription que celle des départements, et provoquer au rétablissement des anciennes provinces. »

On agita la question de savoir quel emblème remplacerait le coq républicain sur le sceau de l'État. Un membre proposa l'éléphant; un autre, le lion accroupi, avec cette légende : *Inoffensus quiescit.* Napoléon préféra l'aigle, proposé par le directeur du Musée, et déja consacré dans l'imagination des hommes comme l'emblème de la puissance impériale.

CHAPITRE XI.

CAMPAGNE D'AUSTERLITZ. — TABLEAU DE LA COUR
DE BAVIÈRE.

Nous avons laissé (chap. iv) l'empereur levant
son camp de Boulogne pour voler au secours de
la Bavière envahie par les Autrichiens. Avant de
parler de cette campagne mémorable, il convient
de se placer un moment en Bavière, et de rap-
porter quelques incidents qui feront connaître
la situation de ce pays relativement à la France
et à l'Autriche.

Une querelle s'était élevée, quelque temps
auparavant, entre le gouvernement bavarois et
la noblesse, dite *immédiate*, des anciens évê-
chés de Wurtzbourg et de Bramberg, en Fran-
conie, nouvellement réunis à son territoire. Ces
nobles prétendaient, comme au temps de leurs

évêques, vivre indépendants du souverain du pays, et relever immédiatement de l'empereur. Ils étaient, disaient-ils, membres du corps germanique, et, à ce titre, ne devaient qu'à l'empereur des contributions en hommes et en argent; ils ne reconnaissaient pour juges de leurs différends avec les habitants du pays que le conseil aulique de Vienne. Telle était, en effet, l'existence qu'ils s'étaient faite sous les anciens évêques. Ils avaient profité de la faiblesse de ces gouvernements ecclésiastiques et de l'appui intéressé de l'empereur d'Allemagne pour se rendre indépendants; mais l'électeur de Bavière avait résolu de détruire ce reste d'anarchie féodale. Ses premières mesures pour soumettre les nobles à la loi commune éprouvèrent de leur part la plus vive résistance. Il fallut s'emparer de leurs châteaux, et y mettre garnison. Les nobles jetèrent les hauts cris, et appelèrent l'empereur à leur secours. Celui-ci n'eut garde de les abandonner : c'étaient ses sentinelles avancées dans le cœur de l'Allemagne. Il prenait parmi eux ses ministres et ses généraux, et levait, dans leurs domaines, des sous-officiers instruits que ses états héréditaires ne lui fournissaient point. Le conseil aulique de Vienne rendit donc un arrêt portant que l'électeur n'avait pas plus de droits que les anciens évêques, qu'il devait réintégrer les nobles immédiats dans leurs biens et priviléges, et que, s'il ne le faisait point, l'empereur devait employer la force des armes pour l'y contraindre. L'empereur, en effet, fit avancer un corps de troupes vers la Bavière. Celle-ci invoqua l'appui de la France, et une grande guerre allait résulter de ce conflit, si le ministre de France en Bavière, persuadé qu'il était de l'intérêt de la France de terminer la guerre avec l'Angleterre avant d'en entreprendre une autre sur le continent, n'avait déterminé l'électeur à se désister, pour le moment, de ses prétentions.

C'est à cette époque que le ministre d'Angleterre à Munich, M. Drake, fut convaincu d'avoir favorisé des trames contre la tranquillité intérieure de la France. L'électeur, sur la plainte qui lui en fut faite, invita ce ministre à ne point se présenter chez lui, et obtint son rappel.

On vit arriver, vers ce même temps, à la cour de Bavière, le roi de Suède, Gustave, qui depuis a perdu sa couronne et s'est fait remarquer par sa vie errante sur le continent. Il venait faire une visite à l'électrice sa sœur. Le ministre de France fut chargé de le sonder, pour savoir s'il serait disposé à renouveler l'ancienne alliance entre les deux pays; mais il s'aperçut bientôt, à la bizarrerie de son esprit, qu'on ne pouvait rien traiter avec lui. Gustave ressemblait de figure à Charles XII, et avait la prétention de lui ressembler en tout. L'histoire de ce roi aventureux était sa lecture favorite, mais au lieu d'être, comme lui, à la tête de son armée, et de combattre les envahissements de la Russie, il voyageait de cour en cour comme un particulier oisif, sans s'apercevoir à quel point il était à charge à ses hôtes. Ses actes et ses discours leur causaient souvent de l'embarras. Ainsi, dans la cour de l'électeur de Bavière, il prenait parti contre lui, en faveur de la noblesse immédiate, et on ne voyait pas sans surprise le successeur de Gustave Adolphe se faire l'avocat des prétentions de l'empereur; il s'inquiétait peu de compromettre l'électeur vis-à-vis de la France par ses démonstrations à l'occasion de la mort du duc d'Enghien. Il se faisait suivre partout du chien qui avait appartenu à ce malheureux prince, et s'exprimait, sur ce triste événement, avec une liberté qui eût été plus légitime à Stockholm qu'à Munich. Il voulait que l'électeur imitât son exemple et celui de la Russie, en faisant remettre à la diète une protestation contre cette violation du droit des gens ; l'électeur s'y refusa, et se retira même pour quelques jours à la campagne, soit pour se soustraire à ses sollicitations, soit pour éviter de recevoir les ministres de Russie et de Suède, qui avaient pris le deuil.

Le rétablissement des formes monarchiques en France, par l'avénement de Napoléon au trône impérial, parut lui réconcilier l'opinion des cours d'Allemagne. Gustave lui-même semblait oublier en faveur de ce service la mort du duc d'Enghien. On se flattait que Napoléon, parvenu au faîte du pouvoir, s'occuperait de gouverner la France, et ne songerait plus à s'agrandir au dehors. C'était mal connaître le cœur humain. La réunion de la couronne d'Italie à celle de France dissipa bientôt cette illusion. L'Autriche, alarmée de ce dangereux voisinage, se prépara à la guerre. Elle augmenta le corps de troupes que la querelle de la noblesse immédiate lui avait donné occasion de rassembler sur la frontière de la Bavière, et se tint prête à envahir ce pays. Alors commença, entre les ministres de France et d'Autriche à Munich, une lutte diplomatique des plus vives, à qui entraînerait la Bavière dans l'alliance de son gouvernement. Cette alliance devait avoir la plus grande influence sur le succès de la guerre. Car elle livrait à l'une ou l'autre des parties belligérantes un renfort de trente mille Bavarois et la possession d'un pays qui était placé pour être le pivot des opérations militaires. Il convient de faire connaître ici quelles étaient les dispositions de la cour de Munich, relativement à la France et à l'Autriche.

L'électeur Maximilien était personnellement porté pour la France. Ses souvenirs l'attachaient à ce pays; il y avait servi comme colonel avant que l'extinction de la branche directe l'appelât à la dignité électorale. Les principes de la révolution française ne lui inspiraient pas la même aversion qu'aux autres souverains; lui aussi avait eu à lutter contre le clergé pour la sécularisation des moines, et contre la noblesse pour la soumettre au droit commun. M. de Montgelas, son premier ministre, était partisan des idées libérales. Il avait établi des écoles du dimanche, pour le peuple, sous la direction du comte de Rumfort, général au service de Bavière, plus connu comme savant et comme philanthrope. Des professeurs distingués, qu'on avait appelés de toutes les parties de l'Allemagne, occupaient les chaires des universités de Wurtzbourg et de Landshut. Ils traitaient librement toutes les questions de droit public; l'électeur et son ministre se sentaient plus enclins pour les principes de la France et pour son alliance que pour les principes et l'alliance de l'Autriche. Déja la France avait procuré à la Bavière, par les derniers traités, un notable agrandissement. Maximilien, enfin, professait pour Napoléon une admiration sincère.

7

Il n'en était pas de même de l'électrice. Élevée par sa mère dans la haine de la France, comme ses sœurs, l'impératrice de Russie et la reine de Suède, elle était, comme elles, le point de ralliement du parti anti-français. Le ministre d'Autriche l'entretenait dans cette disposition; il lui présentait M. de Montgelas comme l'imitateur de ces révolutionnaires français qui avaient bouleversé leur pays. L'éloignement de ce ministre, et l'alliance autrichienne, étaient, disait-il, les seuls moyens de préserver la Bavière et la famille régnante des mêmes malheurs. L'électrice effrayée conjurait avec larmes l'électeur d'ouvrir les yeux sur ce danger, de renvoyer son ministre et de changer de système. Bonne épouse et mère d'une nombreuse famille, elle avait droit à ses égards. L'électeur ne soutenait qu'avec peine les assauts auxquels il était en butte, et sa santé en souffrait visiblement.

Cependant le ministre de France, après beaucoup d'efforts, était parvenu à l'entraîner. L'électeur avait d'abord proposé sa neutralité; puis avait offert son alliance, dans le cas seulement de l'envahissement de son territoire par les Autrichiens, puis l'avait subordonnée à l'accession de la Prusse, puis enfin avait demandé qu'elle ne s'appliquât point au royaume d'Italie, puisque la réunion de ce royaume à la couronne de

France était le principal grief de l'Autriche. Toutes ces restrictions avaient été abandonnées, et on était sur le point de signer une alliance offensive et défensive, quand la nouvelle d'un mouvement plus décisif de l'armée autrichienne remit en question tout ce qui avait été convenu.

« Les Autrichiens, écrivait l'électeur au ministre de France, ont déja placé leurs pontons le long de l'Inn. Je m'attends, à chaque instant, de les voir entrer en Bavière. Je ne doute point non plus que Buol (1) me fera demander si je veux être pour ou contre eux. Si je lui réponds que j'ai fait un traité d'alliance avec la France, mes troupes et mon pays sont perdus. S'il me dit qu'on m'accorde la neutralité, à condition que je ne fasse pas bouger mes troupes et que je reste tranquille, quelle sera, dans ce cas, la réponse que vous me conseillez de faire? Je suis prêt à tout sacrifier, même ma liberté, pour prouver à l'empereur que je veux remplir mes engagements. Si votre armée ne vient pas bientôt en Allemagne, tout est perdu. Les ennemis auront le temps de prendre les meilleures positions, et il en coûtera beaucoup d'hommes et de peines pour les déloger (2).... »

Les Autrichiens, en effet, se disposèrent à en-

(1) Le ministre d'Autriche.
(2) Lettre autographe, du 5 sept. 1805.

vahir la Bavière. L'électeur, effrayé, consentit à entrer en négociation avec eux. « Plaignez-moi, écrivait-il au même ministre, je suis le plus malheureux des hommes; ne m'en veuillez pas, Dieu sait que je ne suis pas faux. Ma situation est plus que pénible; vous savez que le prince de Schwartzemberg était autorisé à traiter. Je n'avais donc plus l'excuse d'envoyer quelqu'un à Vienne... — Manquer de parole, paraître double aux yeux de l'empereur, de mon protecteur, est ce qui me mettra, j'espère, bientôt au tombeau... Les Autrichiens devaient entrer aujourd'hui en Bavière, mes troupes n'étaient pas encore rassemblées... Je n'étais pas sûr de pouvoir partir..., ma tête n'y était plus... Plus calme qu'hier, je sens toute l'horreur de ma situation. J'ai écrit ce matin à l'empereur d'Allemagne; je lui ai dit que mon fils était en France; qu'il était perdu s'il ne m'accordait la neutralité. Je la lui ai demandée à deux genoux... Si vous aviez pu voir ce que j'ai souffert ces deux jours..., vous auriez pitié de moi (1). »

Rien n'était encore terminé avec Schwartzemberg, et l'électeur pouvait être ramené à l'alliance française, si on le déterminait à s'éloigner de Munich avant l'arrivée des Autrichiens;

____

(1) Lettre autographe du 8 sept.

c'est à quoi s'attacha le ministre de France. Il fit sentir à l'électeur que son intérêt, autant que sa dignité, lui prescrivaient de ne point attendre les Autrichiens à Munich; que s'il tombait entre leurs mains, il serait obligé d'en passer par tout ce qu'ils voudraient; qu'en s'éloignant, au contraire, il conservait vis-à-vis d'eux toute son indépendance, et pouvait les menacer, s'ils lui faisaient des conditions trop dures, de se jeter dans les bras de la France. L'électeur se rendit à ces raisons; et, par son départ, la cause de la France fut à moitié gagnée. Il était temps qu'il partît, car les Autrichiens approchaient. Aussi en écrivant au ministre de France qu'il suivait son conseil et partait pour Wurtzbourg, il lui disait : « Je tremble que l'ennemi ne nous prévienne et ne prenne une position sur le Leck. »

Le corps diplomatique suivit l'électeur à Wurtzbourg, et là recommença la lutte entre le ministre de France d'un côté, et les ministres d'Autriche, de Russie et d'Angleterre, de l'autre, pour l'entraîner dans leurs intérêts. De part et d'autre on lui offrait un agrandissement de territoire et la couronne royale; mais l'offre de l'Autriche était appuyée par une armée déja maîtresse de la Bavière, et l'armée française était encore éloignée; l'électeur témoignait la crainte que celle-ci n'arrivât trop tard.

Les malheurs de Charles VII, l'un de ses prédécesseurs, qui avait perdu ses états par l'alliance française, effrayaient son imagination. Que les Autrichiens, maîtres de Munich, eussent marché sans retard sur Wurtzbourg, il traitait avec eux, et abandonnait la cause de la France ; mais ils perdirent du temps, et ce temps, le ministre de France le mit à profit. Il envoya des courriers extraordinaires à Marmont et à Bernadotte, qui commandaient chacun un corps d'armée, l'un à Mayence, l'autre en Westphalie, pour leur peindre l'état des choses, et les presser de se diriger sur Wurtzbourg à marches forcées, sans attendre les ordres de l'empereur. Ils partirent sur-le-champ, et arrivèrent à temps pour rétablir la prépondérance de la France. L'électeur rassuré témoigna un vif regret de s'être laissé aller à entamer des négociations avec l'Autriche, et il ordonna la jonction de ses troupes avec les troupes françaises. Mais quels combats n'eut-il pas à soutenir dans son intérieur ! « Vous m'obligerez, écrivait-il au ministre de France, si vous engagez le maréchal à dire à sa suite de ne pas parler aujourd'hui à l'électrice de la jonction de mes troupes. Cela prêterait sûrement à une scène (1)... » Il hésita quelque temps encore à signer le traité,

(1) Lettre de Wurtzbourg, du 28 sept.

mais il le ratifia enfin le 12 octobre. On convint, pour dissimuler cette longue hésitation, que le traité serait daté de Wurtzbourg le 23 septembre, et la ratification de l'empereur du 7 octobre.

Napoléon apprit avec une extrème satisfaction le résultat de ses négociations. Il eut à ce sujet une correspondance active avec son ministre à Munich, et prit soin de l'informer lui-même des premières opérations de la campagne (1).

Il passa le Danube le 7 octobre, et remporta sur les Autrichiens un avantage important; la jonction des troupes bavaroises ne contribua pas peu à ses succès. Quelle différence n'eût-ce point été si, au lieu de les avoir pour lui, il les avait eues contre lui! Les Autrichiens évacuèrent Munich, et Bernadotte y entra le 12 octobre. Ce fut une vive joie pour l'électeur d'apprendre que sa capitale était libre; mais le ministre de France eut presque autant de peine à l'y faire retourner qu'il en avait eu à l'en faire partir; il craignait de tomber dans les bandes de fuyards autrichiens dont la route fut quelque temps couverte. « Oui, certainement, écrivait-il, je me rendrai à Munich dès que l'empereur y sera, pour remercier sa majesté impériale de m'avoir délivré si promptement de mes vilains hôtes, et

(1) Pièces justificatives, n° 5.

pour déposer à ses pieds l'hommage de ma reconnaissance et de mon admiration... » Il était fort préoccupé aussi de la crainte que la Prusse ne se déclarât contre la France à cause du passage de l'armée française par le territoire d'Anspach, et écrivait pour qu'on détournât par tous les moyens possibles cette collision. « Je vous avoue, disait-il à ce sujet, que je ne suis point à mon aise. » Quelles réflexions ne fait pas naître cette correspondance sur les anxiétés sans cesse renaissantes d'un souverain du second ordre pressé dans le conflit de deux grandes puissances ?

L'événement le plus important qui signala l'ouverture de cette campagne fut la prise d'Ulm et des trente mille Autrichiens qui s'y étaient renfermés. Le ministre de France avait envoyé à l'empereur le plan des nouveaux ouvrages construits pour la défense de la place, et des renseignements précieux sur la situation de la garnison. Ces documents ne contribuèrent pas peu à amener la capitulation. On disait, en riant, au quartier-général de l'empereur, que c'était le ministre de France qui avait pris Ulm.

La Prusse se plaignit vivement, comme l'avait pressenti l'électeur, de la violation de son territoire ; mais les rapides succès de Napoléon, son entrée à Vienne, et la nouvelle de la victoire d'Austerlitz, ne donnèrent pas à cette puissance le temps d'exécuter ses menaces. Le traité de Presbourg, qui mit fin à cette guerre, dédommagea amplement l'électeur des anxiétés qu'il avait souffertes. Il obtint la possession du Tyrol et le titre de roi.

Le mariage de la fille aînée du nouveau roi avec le prince Eugène, fils adoptif de Napoléon, resserra l'alliance entre les deux gouvernements. Napoléon avait eu la pensée de ce mariage dès le mois de juillet 1804; mais l'électeur s'était excusé sur ce que sa fille était promise au prince électoral de Bade. La demande renouvelée ne souffrit aucune difficulté; on n'avait plus rien à refuser à Napoléon victorieux. Le prince de Bade fut sacrifié, et la jeune princesse donnée au prince Eugène, qui fut fait, à cette occasion, vice-roi d'Italie. Le prince de Bade épousa malgré lui la princesse Stéphanie Napoléon, née Beauharnais. Les graces de celle-ci lui conquirent plus tard le cœur de son époux.

Napoléon s'était flatté que cette guerre lui ramènerait l'opinion de la capitale. Son espoir ne fut pas trompé. La victoire d'Austerlitz et la paix de Presbourg firent oublier les griefs qu'on avait contre lui.

Il s'arrêta, à son retour, dans les petits états d'Allemagne, et organisa la confédération du Rhin, dont il se fit le chef, se substituant ainsi à l'empereur d'Autriche dans l'action qu'il avait si long-temps exercée sur ces pays comme chef de l'empire germanique. Un grand nombre de petits princes perdirent dans ces arrangements leur souveraineté, et furent réduits au rang de sujets par la réunion de leurs petits états à ceux des princes plus puissants dans le territoire desquels ils étaient enclavés. Le ministre de France à Munich avait été d'avis qu'on ne détruisît pas tant d'existences. La reconnaissance et le besoin de protection auraient attaché ces petits princes à la France; ils eussent été aussi dévoués au chef de la confédération du Rhin qu'ils l'avaient été au chef de l'empire germanique. Au lieu de cela, ils portèrent leur mécontentement dans les cours d'Autriche et de Russie, où ils furent employés comme ministres et comme généraux, et Napoléon eut en eux des ennemis personnels, qui ne contribuèrent pas peu à sa ruine.

CHAPITRE XII.

POLITIQUE INTÉRIEURE. — CAMPAGNES D'IÉNA ET
DE WAGRAM.

L'EMPEREUR employa le court intervalle entre la campagne d'Austerlitz et celle d'Iéna à imprimer à son gouvernement intérieur une direction de plus en plus monarchique. L'ancienne noblesse fut recherchée et caressée.

« C'est parmi elle, disait-il, que se trouvent encore toutes les grandes fortunes ; elle exerce par là une influence qui ne doit pas rester en dehors du gouvernement. Serait-ce avec les hommes de la révolution qu'on pourrait composer une cour ? On ne trouve parmi eux que des fonctionnaires honorables, sans fortune, ou des fournisseurs enrichis, sans considération. Une cour de salariés serait onéreuse pour l'État, et sans dignité. Les anciennes fortunes, si elles se divisent par les partages, se recomposent par les successions; les fortunes nouvelles n'ont rien à attendre de ce côté : elles n'héritent jamais, et sont, au contraire, entourées de parents pauvres à soutenir. Le gouvernement ne saurait enrichir, comme autrefois, ceux qui le servent, par les biens de la couronne ou par les confiscations; il doit prendre les fortunes toutes faites, et les employer à son service. »

Quiconque donc, dans cette classe, consentit à être employé, fut placé à la cour ou dans l'administration. De nombreux mariages eurent lieu entre les généraux de Napoléon et les héritières de l'ancienne noblesse. On rendait, à cette occasion, à celles-ci les bois confisqués sur leurs familles. Quiconque, au contraire, dans ces familles, se tenait à l'écart, et affectait le dédain de la dynastie nouvelle, était exposé à des persécutions. Les dames même n'en furent pas exemptes. L'une fut exilée pour avoir refusé une place à la cour, l'autre pour avoir renvoyé le brevet de sous-lieutenant adressé à son fils. La séduction ou la crainte peuplèrent ainsi la cour et l'administration d'anciens émigrés. Les hommes de la révolution en conçurent de l'ombrage. Bientôt peut-être, disaient-ils, on les forcerait d'émigrer à leur tour. Les généraux de l'armée se plaignirent d'être arrêtés à la porte des appartements de l'Empereur, par des chambellans qui servaient naguère dans les rangs des ennemis de la France. Il fallut, pour apaiser leurs murmures, leur donner un droit égal, en attachant à leur uniforme la clef de chambellan.

Ces difficultés du gouvernement intérieur fatiguaient Napoléon. Son génie, né pour les hasards de la guerre, les redoutait moins que les tracasseries de la paix; aussi l'intervalle de ses campagnes n'était-il jamais long.

La Prusse, sans la victoire d'Austerlitz, lui eût déclaré la guerre; il s'était promis de la mettre hors d'état de lui faire courir le même péril. Il ne fit donc rien pour la reconcilier à sa politique, et les griefs des deux cabinets s'envenimèrent de plus en plus. La guerre éclata enfin. Une seule bataille livra à Napoléon la monarchie du grand Frédéric. Les Russes arrivèrent tardivement au secours de la Prusse, comme ils avaient fait à Austerlitz au secours de l'Autriche, et dans cette occasion comme dans l'autre, ils traitèrent aux dépens de leur allié. Le roi de Prusse, dépouillé d'une grande partie de ses états, adhéra, ainsi que l'empereur de Russie, au système continental, c'est-à-dire à l'exclusion du commerce anglais.

Une paix de deux années laissa respirer l'Allemagne : heureuse la France, heureux Napoléon, s'il n'avait pas voulu, pendant ce temps, venger sur l'Espagne sa levée de boucliers de 1806, comme il avait vengé les menaces de la Prusse de 1805, car le succès ne devait pas être le même !

Les embarras que cette guerre funeste suscita à Napoléon parurent au cabinet de Vienne une occasion favorable pour réparer ses désastres. Déja, au mois de juin 1808, il avait ordonné une levée extraordinaire de soldats. Les menaces de Napoléon le contraignirent de la révoquer. Mais, au mois d'avril 1809, les chances lui parurent meilleures. Ses armées envahirent en même temps la Bavière et l'Italie. Napoléon, qu'il avait cru prendre au dépourvu, arriva en Allemagne avec la rapidité de l'aigle. Il se mit à la tête des premières troupes qu'il trouva sous sa main, et ne craignit pas d'attaquer avec quelques bataillons un ennemi beaucoup plus nombreux. Les Autrichiens, entrés le 11 en Bavière, en furent expulsés le 26. Leur invasion n'avait pas cette fois ébranlé la confiance du roi de Bavière dans la fortune de Napoléon. Les Bavarois combattirent à côté des Français, dans la campagne de Wagram, comme ils avaient fait dans celle d'Iéna. Le traité de Vienne du 14 octobre abaissa encore plus l'Autriche, et la força d'adhérer à son tour au système continental. Elle s'était trop hâtée. Quelques années d'humiliation expièrent cette erreur.

CHAPITRE XIII.

MARIAGE DE NAPOLÉON AVEC MARIE-LOUISE. — NOUVEAU DISSENTIMENT ENTRE LES DEUX ÉTATS.

Le mariage de Napoléon avec Marie-Louise scella la paix entre la France et l'Autriche.

Les fiançailles furent signées à Paris, le 7 février, entre l'ambassadeur d'Autriche, prince de Schwartzemberg, et le duc de Cadore ; on envoya le projet de contrat au nouvel ambassadeur de France à Vienne, pour lui donner la dernière forme, et pour le faire signer par l'archiduc Charles et son père. Cet ambassadeur était le même qui avait représenté la France à la cour de Munich, depuis 1803, le négociateur des préliminaires de la paix d'Amiens. Il n'eut pas de peine à faire agréer les conditions du contrat ; une seule difficulté s'éleva : l'empereur d'Autriche montra des scrupules sur la validité du divorce de Napoléon. Il fallut lui prouver que son mariage avec Joséphine n'avait pas reçu la bénédiction religieuse; rien, à ses yeux, n'aurait pu détruire les effets de ce sacrement. Satisfait sur ce point, il signa, le 16 février, le contrat de mariage. Les ratifications furent échangées à Vienne, le 27, entre M. de Metternich et l'ambassadeur; l'archiduchesse en montra beaucoup de joie. Il fut convenu que Napoléon l'épouserait à Vienne par procuration. On fixa, de concert avec l'archevêque, le jour où il bénirait solennellement cette union.

Tout à coup ce prélat, qui n'avait fait aucune difficulté, parut se raviser. Il ne pouvait, dit-il, bénir ce mariage qu'autant qu'on mettrait sous ses yeux l'original des sentences diocésaines de Paris, qui avaient déclaré la nullité du premier mariage de Napoléon.

On pensa que cette difficulté avait été suscitée par le parti anti-français, qui n'était pas moins puissant à Vienne que dans les autres cours d'Allemagne. Ici, comme ailleurs, il avait ses appuis dans la famille même du souverain; l'impératrice et les archiducs ne voyaient qu'avec peine le mariage d'une archiduchesse avec Napoléon. On se lamentait, sur cela, dans les cercles de certains seigneurs russes ou polonais, agents secrets ou officieux de la Russie, chez qui on se réunissait pour parler plus librement. Aucun ami de la France n'était admis dans ces conciliabules. C'était là qu'on avait pu concevoir l'espérance d'empêcher le mariage de s'accomplir, en alarmant la conscience de l'archevêque, que son grand âge rendait accessible à toutes les suggestions.

On n'aurait fait aucune difficulté de faire venir de Paris les pièces demandées par le prélat, mais c'était un retard, et on pouvait craindre que leur communication ne fût demandée dans la vue d'argumenter sur leur contenu et de les soumettre à une discussion. L'ambassadeur évita ce double inconvénient, en obtenant de l'archevêque qu'il se contentât des pièces imprimées au *Moniteur*, et de sa déclaration ainsi conçue :

« Je soussigné, ambassadeur de S. M. l'empereur des Français, roi d'Italie, atteste que j'ai vu et lu les originaux des deux sentences des officialités diocésaine et métropolitaine de Paris, concernant le mariage entre LL. MM. l'empereur et l'impératrice Joséphine, et qu'il résulte de ces actes que, conformément aux lois ecclésiastiques catholiques établies dans l'empire français, ledit mariage a été déclaré de toute nullité, parce que, lors de la conclusion de ce mariage, on avait négligé les formalités les plus essentielles réquises par les lois de l'Église et, de tout temps, reconnues, en France, nécessaires pour la validité d'un mariage catholique.

« J'atteste, en outre, que, conformément aux lois civiles existantes lors de la conclusion de ce mariage, toute union conjugale était fondée sur le principe qu'elle pouvait être dissoute au gré des contractants.

« En foi de quoi j'ai signé la présente déclaration, et y ai fait apposer le cachet de mes armes.»

« Fait à Vienne, le 3 mars. »

Cette déclaration, après que l'archevêque en eut pris lecture, ne fut point laissée dans ses mains. On craignait que, livrée à quelques esprits malveillants, elle ne devînt l'occasion d'une controverse. M. de Metternich s'employa avec zèle à calmer les scrupules de l'archevêque.

Le prince de Neufchâtel arriva comme ambassadeur extraordinaire de Napoléon pour la cérémonie du mariage. Plusieurs milliers d'ouvriers avaient été employés à jeter un pont, pour son passage, sur les ruines de ces mêmes remparts que l'armée française avait fait sauter quelques mois auparavant. Il donna plusieurs fêtes brillantes, auxquelles la noblesse autrichienne assista avec un feint empressement.

8.

Les archiducs y portèrent un visage triste et rêveur.

La jeune impératrice partit de Vienne le 13 mars, après la célébration du mariage. Sa famille la vit partir avec douleur. On eût dit qu'elle prévoyait le sort réservé à cette union; leur séparation fut attendrissante. Les adieux des habitants de Vienne à la fille de leur souverain ne furent pas moins touchants. Sa voiture traversa lentement la ville, suivie d'une foule de peuple qui mêlait ses bénédictions au bruit des cloches et du canon. Les drapeaux tricolores suspendus aux fenêtres et les airs militaires français joués, pour la première fois, par la garde impériale autrichienne, étaient un hommage qu'on rendait, en sa faveur, à sa nouvelle patrie. Une décharge générale de l'artillerie des remparts annonça qu'elle avait franchi le pont de Vienne. L'empereur, son père, parti une heure avant elle, fut l'attendre à Lintz, où il l'embrassa pour la dernière fois.

L'itinéraire de l'impératrice et la composition de sa maison avaient été réglés par Napoléon lui-même. On verra par sa correspondance avec l'ambassadeur que ce génie extraordinaire, toujours occupé de si grandes choses, ne dédaignait pas de descendre aux moindres détails (1). Il

(1) Pièces justificatives, n°s 6 et 7.

avait prescrit que, pendant la route, on donnât chaque jour des nouvelles de l'impératrice à son père ; un échange fréquent de lettres s'établit, après l'arrivée de Marie-Louise, entre les deux familles, comme entre parents unis par la plus étroite amitié.

Le fond des cœurs, pourtant, n'était point changé, ni dans les souverains, ni dans les peuples. A peine Marie-Louise avait-elle quitté Vienne, que le peuple parut étonné de l'avoir laissée partir. Des rassemblements se formèrent dans les rues ; on y déplorait le sort de la jeune princesse et celui de son père : « Elle est immolée, disait-on, à l'intérêt politique ; Dieu sait quels mauvais traitements lui sont réservés ! La seule personne amie qu'il lui a été permis d'emmener va lui être enlevée. Quel fruit son malheureux père recueillera-t-il de tant d'humiliation ? N'était-ce point assez d'avoir sacrifié le malheureux Hofer (1), qui a payé de sa vie son dévouement à notre cause, et tant d'amis de l'Autriche dans la Dalmatie et dans l'Illyrie qu'on livre à la France avec ces provinces ? L'empereur devait-il aller jusqu'à sacrifier sa fille ? Mieux valait continuer la guerre que d'acheter la paix

(1) Insurgé tyrolien.

à une condition si humiliante. On se relève de tout, excepté de l'avilissement. »

Le peuple s'échauffait par ces discours, et les rassemblements prenaient un caractère sérieux. M. de Metternich, averti par la police, les fit dissiper. On arrêta quelques individus qui paraissaient en être les chefs. Leurs dépositions donnèrent à penser qu'ils avaient été mis en mouvement par la coterie russe et anglaise ; mais c'était aussi l'effet des sentiments auxquels le gouvernement autrichien avait fait appel contre les Français dans les dernières guerres. Il avait parlé au peuple d'indépendance, de nationalité, de liberté. Le peuple jugeait maintenant, d'après ces principes, les actes de son gouvernement. M. de Metternich, étonné de cette vive manifestation de l'opinion publique, la fit remarquer à l'ambassadeur de France, et lui dit qu'elle devait être un avertissement pour Napoléon de ne pas pousser trop loin ses exigences envers l'Autriche, parce que le peuple épouserait en pareil cas les sentiments de l'aristocratie contre l'alliance française. L'empereur, ajouta-t-il, ne pourrait suivre une politique qui aurait contre elle toutes les classes de ses sujets. Il aimerait mieux rompre avec la France, que de renoncer à une popularité qui lui était chère, et qui avait fait sa consolation dans ses malheurs.

L'ambassadeur ne manqua pas d'instruire Na-

poléon de ce qui s'était passé, et conseilla , à l'é-
gard de l'Autriche, les ménagements que dictait
la disposition des esprits. Ce conseil fut malheureusement trop peu suivi. Les journaux de Paris
furent remplis d'articles injurieux contre les personnages les plus considérables de la cour de
Vienne , particulièrement contre l'ancien ministre Baldacci , connu pour son opposition à
l'alliance française , mais qui, à cause de cela ,
avait été mis à l'écart; ces articles furent cause
que l'empereur d'Autriche lui rendit sa place. Il
ne voulut pas paraître abandonner à la haine de
Napoléon un homme qui ne l'avait encourue que
par dévouement pour lui.

Le décret de Napoléon, du 6 avril , blessa
encore plus vivement l'empereur. Il enjoignait
à tous les individus nés sur l'ancien territoire
de la France, ou dans les pays conquis, et employés par l'Autriche ou pensionnés par elle,
de rentrer en France , sous peine de mort et de
confiscation de leurs biens. Ce décret était dirigé
contre un grand nombre de militaires et d'employés civils au service de l'Autriche; les uns
étaient sortis de France avant la révolution,
avec la permission du roi ; les autres s'étaient
fixés en Autriche à l'époque de l'émigration.
Napoléon prétendait étendre même l'application
de son décret aux individus, nés en Belgique ,

qui étaient entrés au service de l'Autriche avant la réunion de la Belgique à la France, alors que l'empereur d'Autriche était leur légitime souverain. Le traité de Campo-Formio, qui réunit la Belgique à la France, leur avait garanti formellement le droit d'opter entre la France et l'Autriche, et ils avaient opté pour ce dernier pays ; mais ce droit avait été, disait-on, annulé par un article secret des derniers traités qui autorisait la France à rappeler les officiers nés dans les départements réunis. L'empereur d'Autriche devait donc renoncer aux services d'une foule d'hommes distingués, employés dans l'administration ou dans l'armée ; il était sommé aussi de renvoyer cinq à six mille soldats, nés dans les départements réunis, et disséminés dans les divers corps de son armée.

Ce décret excita à Vienne un cri d'indignation. « Voilà donc, s'écria-t-on, le fruit de l'alliance de famille ! On exige de l'Autriche, en temps de paix, ce qu'on n'aurait pas droit d'exiger en temps de guerre ; on veut contraindre l'empereur de se séparer de ses plus fidèles conseillers, et de renvoyer de son service une foule d'hommes qui lui sont nécessaires. Il faudra que ceux-ci abandonnent un pays qui est devenu leur patrie, et des emplois qui les font exister, pour retourner, malgré eux, dans des lieux où ils ne connaissent plus personne, et où ils n'ont aucun moyen d'existence. Ils seront réduits à l'alternative, ou de mourir de faim, ou de mendier la protection et les secours d'un gouvernement qui a fait leur malheur. Est-ce ainsi qu'on se conduit envers un pays ami et qu'on cultive avec lui la bonne intelligence? »

La rigueur de ce décret ne s'appliqua pas seulement aux individus nés dans les limites de l'empire français. Les princes de la confédération suivirent à l'envi l'exemple de leur chef. Un grand nombre de fonctionnaires et d'employés civils ou militaires du gouvernement autrichien étaient nés dans la Bavière ou le Wurtemberg: ils furent sommés de rentrer; de ce nombre étaient le premier ministre M. de Metternich, et le généralissime prince de Schwartzemberg. On fut sur le point de les arrêter l'un et l'autre sur le territoire de la confédération, quand les affaires de leur gouvernement les appelèrent en France.

Napoléon fut averti, par son ambassadeur à Vienne, du mauvais effet que produisaient ces mesures; mais il s'était trop avancé pour reculer. Il consentit seulement à accorder des dispenses individuelles. Les émigrés pensionnés en Autriche, et qui n'avaient ailleurs aucune ressource, furent autorisés à y demeurer. Le séquestre fut levé, dans le Wurtemberg et la Bavière, sur les biens de MM. de Metternich et de Schwartzemberg. Le décret parut oublié, mais il ne fut point révoqué; il resta suspendu sur la tête de tous ceux qu'il pouvait atteindre, et on le fit revivre plus tard contre plusieurs officiers généraux autrichiens que les événements de la guerre livrèrent aux mains de Napoléon.

CHAPITRE XIV.

LOUIS NAPOLÉON FUYANT SON TRÔNE DE HOLLANDE.

CETTE année, arriva à Tœplitz, en Bohême, Louis Napoléon, roi fugitif d'une nouvelle espèce, qui n'avait point été détrôné, mais qui s'était échappé de sa royauté comme d'une prison. Il n'avait point désiré d'être roi ; sa mauvaise santé et son humeur mélancolique lui rendaient la vie privée préférable. Ce n'était qu'avec peine qu'il s'était rendu aux instances de son frère, dont la politique réclamait cette combinaison. Mais, une fois placé sur le trône de Hollande, il aspira à se faire aimer des Hollandais, et se crut obligé de défendre, avant tout, leurs intérêts. Ce n'était point le compte de Napoléon. Il ne l'avait point mis là dans cette vue. Les premiers devoirs des membres de sa famille, qu'il élevait à la royauté, étaient, disait-il, envers lui, les seconds envers la France, et les troisièmes envers leurs sujets. Il voulut forcer le roi de Hollande à observer, dans toute sa rigueur, le système continental, inconciliable avec les besoins d'un peuple commerçant. Louis Napoléon aima mieux abandonner sa couronne. Il arriva à Tœplitz, accompagné d'un aide-de-camp, d'un médecin et de trois domestiques, et écrivit de là à l'ambassadeur de France, à Vienne, la lettre suivante :

« MONSIEUR LE COMTE OTTO,

« Je suis venu aux eaux de Tœplitz, sous le nom de Saint-Leu, afin d'y soigner un reste de santé bien altérée; et aussi, afin d'y chercher une retraite obscure, après les malheurs que j'ai éprouvés. J'ai prié M. de Bourgoin de demander à l'empereur, mon frère, la permission d'habiter les environs de Dresde; mais, si je pouvais obtenir celle de demeurer dans les parties méridionales de l'Autriche, je le préférerais de beaucoup, à cause de ma santé. En attendant la permission, et que je connaisse la volonté de l'empereur, mon frère, à laquelle je me soumettrai sans hésitation, je compte demeurer ici. J'ai demandé à S. M. l'empereur d'Autriche son autorisation pour cela, comme pour m'établir

dans une partie quelconque de son territoire,
si l'empereur, mon frère, y consent. Je crois nécessaire et convenable de vous en prévenir; et
c'est ce qui m'engage à vous écrire cette lettre,
Monsieur le comte, afin qu'apprenant peut-être
indirectement que je me trouve ici, vous sachiez
ce qui en est. Dans le cas où l'empereur, mon
frère, désirerait que j'allasse ailleurs, je vous prie
de faire en sorte que je puisse rester ici, au moins
jusqu'au milieu du mois prochain. J'ai commencé
le traitement des eaux, et, s'il me fallait l'inter-
rompre, j'en serais fort incommodé.

« Recevez, Monsieur le comte, l'assurance de
ma considération, et d'avance tous mes remer-
cîments.

« *Signé* Louis NAPOLÉON.

« Tœplitz, 16 juillet 1810.

« *M. de Saint-Leu, aux bains de Tœplitz*; je
vous prie de ne m'écrire que sous ce nom. »

L'ambassadeur ne put que demander les instructions de son gouvernement. Napoléon, à la
nouvelle de la fuite de son frère, avait prononcé, par un simple décret, la réunion de la
Hollande à son empire. Vaincre la résolution
de son frère, quant au lieu de son séjour, était
chose moins facile. Louis Napoléon avait déclaré

qu'il ne s'établirait point en France, ni dans les états d'aucun membre de sa famille ; l'exil qu'il s'imposait blessait la juste susceptibilité de Napoléon. Il craignait de paraître, aux yeux de l'Europe, un tyran, dont les siens même étaient obligés de s'éloigner. Il envoya auprès de son frère, pour le ramener à de meilleurs sentiments envers sa famille, un jeune magistrat, d'un caractère conciliant, pour qui Louis Napoléon avait de l'amitié, et qui a joué depuis un rôle considérable en France. Celui-ci fut chargé de lui dire que l'empereur ne souffrirait point qu'il demeurât en exil chez un prince étranger; et que s'il ne se rendait pas volontairement en France, ou dans les états d'un autre membre de sa famille, on emploierait tous les moyens nécessaires pour l'y contraindre.

La mission de cet envoyé fut sans succès ; ni les prières, ni les menaces ne purent ébranler la résolution du roi Louis. Il resta à Tœplitz jusqu'à la fin de la saison des eaux, après quoi il partit, ayant dans sa voiture l'envoyé de son frère, pour se rendre à Marbourg, aux confins de la Carinthie et de la Styrie, où il prit des bains de marc de raisins qui lui étaient prescrits pour la paralysie dont un de ses bras était affecté.

Napoléon réclama du gouvernement autrichien le renvoi de son frère. Louis Napoléon, invité à partir, ne tint compte de cette invitation, assuré qu'on n'en viendrait pas à la force. L'ambassadeur de France lui envoya un de ses secrétaires pour l'engager à obtempérer volontairement aux ordres de l'empereur. Le prince répondit : « Qu'il voulait traiter cette affaire directement avec son frère, et non par voie diplomatique ; que la demande de son extradition n'était qu'une menace pour l'intimider ; que, décidé à ne point se rendre à Naples, ni dans aucun des états occupés par des membres de sa famille, il avait cru tout concilier en demandant asile au beau-père de son frère ; que la France serait, de tout les pays où régnait sa famille, celui où il lui répugnerait le moins de se fixer ; mais qu'il voulait avoir une garantie que l'empereur le laisserait vivre loin de la cour, en simple particulier, et ne le forcerait point de faire le prince français. » Étrange lutte, dans laquelle on voit un homme se défendre contre des sollicitations que tant d'autres eussent appelées de tous leurs vœux, et faire les mêmes efforts, pour éviter le pouvoir et les honneurs, que d'autres font pour y parvenir ! Ce rare exemple, donné par Louis Napoléon, lui assigne une physionomie particulière dans l'histoire de son temps.

Il continua, quoi qu'on pût lui dire, de se tenir éloigné. Le lieu définitif de sa résidence fut la ville de Gratz; il y vécut dans la société des professeurs du lycée, et se livra, comme un jeune homme, à l'étude, particulièrement à celle du latin. Diverses compositions littéraires occupèrent ses loisirs. Son ame, inaccessible à l'ambition du pouvoir, ne l'eût pas été à l'amour-propre d'auteur. Il avait demandé au gouvernement autrichien l'autorisation de publier un écrit qu'il n'eut pas le temps de faire paraître. On croit qu'il s'occupa aussi d'écrire ses Mémoires. Les événements de 1814, qui précipitèrent son frère du trône, le trouvèrent encore à Gratz. La chute de Napoléon entraîna celle de tous les rois de sa famille. Louis Napoléon put se féliciter alors d'avoir préféré l'obscurité de la vie privée à de fragiles grandeurs. Cette catastrophe lui permit d'aller vivre en Italie, sans y rencontrer ou des relations de famille qu'il n'aimait point, ou les assujettissements d'un rang qui n'était point selon ses goûts. Il quitta le ciel brumeux de l'Allemagne pour celui de Rome, plus favorable à sa santé. Les actes de bienfaisance qui avaient marqué son séjour à Gratz le firent regretter.

CHAPITRE XV.

GUERRE DE RUSSIE. — CONCORDAT AVEC LE PAPE.
— CAMPAGNE DE DRESDE. — INVASION.

Quand Napoléon était devenu père, les amis
de la paix avaient espéré qu'il s'abandonnerait
aux douceurs de la vie de famille, et éviterait
de compromettre dans de nouveaux hasards l'héritage de son fils. Vain espoir ! Les sentiments
qui règlent les actions du commun des hommes
ne sont pas ceux des héros et des conquérants,
et on se trompe toujours à vouloir préjuger la
conduite de ceux-ci d'après ce qu'on ferait à leur
place : « Si j'étais Alexandre, dit Éphestion, je
ferais ceci. —Et moi aussi, si j'étais Éphestion. »
Ce nouveau don de la fortune ne fit, au contraire, qu'accroître la confiance superstitieuse

9

de Napoléon dans son inépuisable faveur; et malgré la guerre toujours subsistante contre l'Angleterre, malgré celle qu'il soutenait avec tant de peine contre la nation espagnole, il devint plus exigeant que jamais envers les autres états; il pressa l'Autriche de le seconder dans ses mesures contre le commerce anglais, en mettant des droits plus élevés sur les marchandises de cette nation qui traversaient son territoire; ces droits eussent été l'équivalent d'une prohibition. Ils auraient fait perdre à l'Autriche le revenu considérable de ses douanes, et à ses sujets les profits d'un transit avantageux. Elle éluda de déférer aux demandes de Napoléon. Celui-ci ne consentit qu'avec peine à s'en relâcher; il fallut toutes les instances de son ambassadeur.

Les mêmes exigences, soutenues avec plus d'obstination auprès de l'empereur de Russie, amenèrent une déplorable collision.

L'empereur Alexandre, fasciné à Tilsitt par le génie de Napoléon, avait consenti, contre le gré de ses ministres, à la prohibition du commerce anglais. De vives plaintes ne tardèrent pas à lui être portées par les grands de son empire. Ils lui exposèrent que ce système empêchait toute exportation des produits de leurs terres et de leurs mines; que l'Angleterre était leur seul débouché, et que s'ils ne pouvaient lui vendre leurs produits, ils seraient ruinés, et le trésor public aussi, car ils ne pourraient payer les impôts. L'empereur, frappé de la justice de ces plaintes, et sentant la nécessité de renoncer à une mesure dont il n'avait pas prévu tous les effets, autorisa ses ministres à n'en point exiger la rigoureuse exécution. Napoléon, informé des infractions apportées au système prohibitif, s'en plaignit amèrement, comme d'une violation des traités. Leur exacte observation lui importait davantage en Russie qu'en Autriche, à cause de la Baltique et de ses ports de mer. L'empereur de Russie se justifia par la nécessité et dit, que ce qu'on lui reprochait, Napoléon le faisait lui-même par ses licences; qu'il n'entendait pas subir seul les charges d'un traité dont on s'affranchissait ailleurs; qu'il ruinerait gratuitement ses sujets et s'exposerait aux effets de leur juste mécontentement. Napoléon insista et menaça de la guerre. Alexandre répondit qu'il aimait mieux l'avoir avec la France qu'avec ses sujets; et il reprocha à son tour à Napoléon l'occupation prolongée de la Prusse par les troupes françaises, et la réunion des villes anséatiques à la France. Tout espoir de conciliation est perdu quand on en est aux récriminations.

On se prépara de part et d'autre à la guerre.

Napoléon résolut d'aller chercher sur son territoire et d'attaquer corps à corps cette puissance demi-européenne, demi-asiatique, dont il avait toujours trouvé les armées derrière les rangs de ses ennemis. Il invita l'empereur d'Autriche, son beau-père, à partager avec lui les chances de cette grande lutte. La cour de Vienne eût désiré pouvoir garder la neutralité ; mais elle s'exposait à être à la discrétion du vainqueur quel qu'il fût. Elle consentit donc à l'alliance proposée par Napoléon, moins pour l'aider que pour le surveiller et le contenir. Le traité conclu à Paris, le 17 février, fut échangé à Vienne, le 26 mars. L'Autriche s'engagea à fournir un corps auxiliaire de trente mille hommes, qui serait commandé par le prince de Schwartzemberg, son ambassadeur à Paris.

Napoléon partit au mois de mai pour se mettre à la tête de sa grande armée. Marie-Louise l'accompagna jusqu'à Dresde, où l'empereur d'Autriche vint les joindre. Celui-ci, après le départ de Napoléon, emmena sa fille à Prague ; elle y demeura jusqu'au 3 juillet. La cour française de Marie-Louise et la cour autrichienne de son père vécurent, pendant ce temps, dans les rapports de la plus franche cordialité.

La guerre commença sous d'heureux auspices. Des courriers arrivaient chaque jour à Vienne,

portant la nouvelle de quelques succès. L'empereur et son ministre paraissaient en éprouver une joie sincère. Ces courriers ne faisaient que traverser. Ils continuaient immédiatement leur route, les uns pour Milan, les autres pour Bucharest. C'était surtout à Bucharest qu'il importait de faire connaître promptement les succès de Napoléon, pour empêcher la Porte de conclure la paix avec la Russie. Des négociations étaient ouvertes dans cette ville entre les deux gouvernements; ces négociations, plusieurs fois rompues, aboutirent tout à coup à une paix qui trompa cruellement l'attente de Napoléon, et eut pour lui les suites les plus funestes. L'armée russe du Danube se trouva disponible pour être employée contre lui. Elle se porta à marches forcées sur ses derrières, et troubla tout le plan de ses opérations.

Ce grave contre-temps fut l'avant-coureur de nos désastres. Les stériles progrès de Napoléon dans le cœur de la Russie et son entrée à Moscou n'amenèrent point la paix, fruit accoutumé de ses victoires. L'incendie de cette capitale, par la propre main de ses habitants, annonça au contraire une guerre d'extermination, et jeta une horrible clarté sur les périls dont on était environné. Napoléon voulut, mais trop tard, retourner sur ses pas. L'hiver, formidable allié de la Russie, l'attendait pour lui barrer le chemin, avec ses neiges et ses glaces; nos malheureux soldats, en proie à toutes les souffrances, jonchèrent de leurs cadavres ces vastes plaines qu'ils avaient traversées naguère avec des chants de triomphe: heureux encore Napoléon, si l'histoire pouvait lui rendre le témoignage qu'elle a rendu à Charles - Quint, après les désastres de son expédition d'Afrique, d'avoir expié, autant qu'il était en lui, une guerre si funeste par sa constance à partager les souffrances de ses soldats (1)! mais il traversa seul dans un traîneau les pays qui le séparaient de la France, et laissa les débris de l'armée accomplir sans lui leur déplorable retraite. Ce n'était point assurément défaut de courage, c'était impossibilité pour ce génie impétueux de faire la guerre autrement qu'en avançant; c'était aussi appréhension qu'un parti ne profitât à Paris de son absence et de la nouvelle de ses revers pour faire une révolution contre lui, et que la France ne lui échappât. La conspiration de Mallet, à qui il avait suffi de répandre le bruit de sa mort pour se rendre maître un moment de Paris, n'avait pu qu'augmenter en lui cette crainte.

Le corps auxiliaire autrichien, qui avait si peu contribué à nos succès, ne nous fut pas plus utile dans nos revers. Ses manœuvres parurent

(1) Robertson, Hist. de Charles-Quint, tom. IV, p. 55.

avoir pour objet de couvrir le territoire de l'Autriche contre toute insulte de la part des Russes,
mais non de faire une diversion en notre faveur.
Il se tint toujours à distance d'eux, comme pour
éviter d'en venir aux mains. De justes plaintes
furent portées au prince de Schwartzemberg
qui le commandait. Il répondit que ses troupes
faisaient cette guerre à contre-cœur, et que la
prudence lui prescrivait de ne pas les mettre en
présence des Russes, de peur qu'elles n'imitassent
l'exemple de l'armée prussienne, qui était passée
à l'ennemi.

Les ennemis de la France, à Vienne, n'osèrent
d'abord faire éclater la joie que leur causa la
nouvelle de nos désastres. On avait peine à croire
qu'elle ne fût pas exagérée. Napoléon d'ailleurs
avait montré plus d'une fois quelles étaient les
ressources de son génie pour sortir d'une situation critique. Ne pouvait-il pas encore s'arrêter
en Pologne, y concentrer ses forces, et partir
de là pour fournir une campagne heureuse contre
les Russes ? Malheur alors à ceux qui se seraient
déclarés prématurément contre lui ! On se contint
donc quelque temps ; mais quand tout fut connu,
quand on sut que l'armée de Napoléon était entièrement détruite, et que lui-même l'avait aban-
donnée, on ne garda plus de mesure. L'empereur d'Autriche fut obsédé de sollicitations

pour se séparer d'une cause perdue. « Qu'at-
tendez-vous, lui dit-on, pour vous déclarer
contre la France ? Napoléon n'a plus d'armée;
ne lui laissez pas le temps d'en former une nouvelle; c'est lui qui est votre ennemi, et non pas
les Russes; songez qu'il a envahi deux fois votre
capitale et qu'il vous a enlevé vos plus belles
provinces. Saisissez l'occasion, qui ne se repré-
sentera peut-être jamais, de réparer vos désastres;
faites plus, prévenez-en le retour en renversant l'homme qui les a causés. Jamais vous
n'aurez de sécurité avec lui. Vous avez fait taire
une fois vos sentiments de père en lui donnant
votre fille, faites-les taire encore une fois, et avec
plus d'utilité, en lui enlevant un pouvoir dont il
abuse : vous serez le libérateur de l'Europe. Plus
de cinquante millions d'Allemands et d'Italiens
n'attendent qu'un signal pour se soulever; la
France aussi est lasse de Napoléon ; tout y est
mûr pour un changement de gouvernement;
rendez-lui, comme au reste de l'Europe, la paix
et la liberté. »

Ainsi parlait une aristocratie qui ne prévoyait
pas qu'en renversant Napoléon elle se trouverait
en présence d'un ennemi plus redoutable pour
elle, l'élément démocratique. Mais, en politique, on
va toujours au plus pressé. L'empereur et son ministre ne furent pas sourds à ces sollicitations. Ce-

lui-ci déclara à l'ambassadeur de France, que l'Autriche ne pouvait persister plus long-temps dans une entreprise devenue impossible ; que tout ce qu'elle pouvait faire était d'offrir sa médiation entre la France et la Russie; qu'elle tâcherait même d'amener l'Angleterre à la paix. « Je ne doute pas, dit-il, que l'empereur Napoléon ne trouve encore des ressources pour fournir une campagne brillante; mais quel en sera le résultat? Il ne serait pas plus avancé, quand il arriverait à Saint-Pétersbourg, qu'il ne l'a été à Moscou. Cette guerre prolongée ne servirait qu'à mieux instruire les Russes à envahir l'Europe. Le système de prohibition du commerce anglais exigeait le concours de la Russie, de l'Espagne et de la Porte. Il faut y renoncer, puisque ce concours est refusé. Que servirait de persister dans des prohibitions partielles? Les Anglais vendent moins de marchandises, mais ils les vendent plus cher, et, en somme, la valeur de leurs exportations est la même : ces marchandises finissent par pénétrer partout, même en France, parce que tout le monde, commerçants et consommateurs, y est intéressé : seulement elles sont obligées de passer par la Russie, l'Espagne ou la Turquie, et le transit obligé à travers ces États n'est qu'un impôt levé, à leur profit, sur les consommateurs des autres pays. Les fabricants anglais, qui fabriquent moins, ont été obligés de renvoyer quelques ouvriers et on a cru créer par là quelques embarras à leur gouvernement; mais la guerre qui produit ce mal en fournit le remède, les ouvriers renvoyés ont été enrôlés dans l'armée ou dans la marine. L'Angleterre trouve une compensation aux maux de la guerre dans le monopole du commerce maritime; la Russie peut soutenir long-temps la lutte avec les sept millions sterling de subsides que lui fournit le cabinet anglais; celui-ci en offre dix à l'Autriche si elle veut faire la guerre à l'empereur Napoléon, mais elle ne s'y décidera qu'à la dernière extrémité, et quand il sera bien démontré qu'on ne peut le déterminer à faire la paix à des conditions raisonnables. »

Le cabinet autrichien envoya à Paris M. de Bubna, pour porter directement à l'empereur son offre de médiation. Napoléon parut l'accepter. Il consentit à ce qu'un envoyé autrichien fût dépêché à Wilna auprès de l'empereur de Russie, et qu'un autre se rendît à Londres. Il demanda qu'on lui envoyât un ambassadeur pour remplacer le prince de Schwartzemberg, demeuré à l'armée. L'absence d'un représentant de l'Autriche pouvait faire croire qu'un refroidissement existait entre les deux cours. On lui proposa le choix entre le comte de Bellegarde et M. de Stadion, les seuls, disait-on, parmi les hommes de leur rang, qui eussent une capacité proportionnée à la difficulté des circonstances. Il objecta que l'un et l'autre passaient pour être les ennemis de la France, et que le choix de M. de Bellegarde, dont le nom était français, paraîtrait une injure à la France, après le décret qui avait rappelé tous les Français du service étranger. M. de Bellegarde pourtant était né en Saxe. On envoya M. de Vincent, né Lorrain.

Napoléon chargea son ministre des relations extérieures de lui présenter un rapport sur la situation des affaires, pour être communiqué au sénat, à l'appui d'une demande d'hommes pour le recrutement de l'armée. Ce rapport parlait de la médiation de l'Autriche. Il voulut qu'avant d'être porté au sénat et publié, il fût envoyé à son ambassadeur à Vienne, et communiqué au cabinet autrichien. M. de Metternich se récria sur la mention qui y était faite de la médiation : « Vous nous ferez perdre, dit-il, en en parlant, tout l'avantage de notre initiative; nous paraîtrons n'être que vos instruments. Notre envoyé, qui doit être purement Autrichien, paraîtra un envoyé français. Qui sait même si l'Angleterre ne refusera pas, à ce titre, de le recevoir, elle qui n'a pas encore reconnu l'empereur Napoléon? Abstenez-vous, pour votre propre intérêt, de parler de cette médiation. » Ce conseil fut suivi ; la phrase du rapport fut changée.

Mais, tandis que Napoléon paraissait témoigner de son désir de la paix par cette faible concession, on publiait dans les journaux de Paris les articles les plus virulents contre le gouvernement anglais, en réponse à ceux contenus dans les journaux de Londres. M. de Metternich se plaignit vivement à l'ambassadeur du tort que ces articles pouvaient faire aux négociations.

« Le langage des journaux anglais ne saurait, dit-il, justifier les vôtres ; la presse anglaise est libre par la constitution. Le gouvernement lui-même est en butte à ses outrages ; on ne peut rendre celui-ci responsable des opinions qu'elle exprime sur les cabinets étrangers. Chacun sait qu'en France, au contraire, rien ne paraît qu'avec l'autorisation du gouvernement, ou plutôt, que tout ce qui paraît, en politique, est son ouvrage. Napoléon peut donc mépriser les injures des journaux d'Angleterre. Le cabinet anglais ne peut voir avec la même indifférence celles des journaux de France. Il est autorisé à y voir l'expression des opinions du gouvernement. » Ce que disait M. de Metternich, l'ambassadeur l'avait dit à Napoléon ; mais celui-ci s'était révolté contre une distinction qui le laissait en butte aux outrages de ses ennemis et ne lui permettait pas d'y répondre.

On apprit, vers ce même temps à Vienne, le concordat signé entre Napoléon et le pape. L'empereur d'Autriche en montra beaucoup de satisfaction. « Il y a long-temps, dit-il, que j'avais donné ce conseil à l'empereur. Je lui en avais parlé dans notre entrevue de Dresde. Les idées religieuses ont trop d'influence dans l'esprit des peuples pour qu'on n'en tienne pas compte ; quant à moi, j'ai pour faire respecter mon autorité, deux armées, l'une blanche, l'autre noire. Celle-ci agit là où l'autre ne peut rien. Joseph II a cru pouvoir se passer de l'assistance du clergé, et n'a pas craint de se l'aliéner. Chacun sait que cela lui a mal réussi. »

Tandis qu'on s'entretenait à Vienne de ce concordat, et qu'on y voyait un premier pas vers la pacification générale, on apprit un événement qui était loin d'avoir ce caractère, et qui excita une grande rumeur. M. de Weissemberg, parti pour porter à Londres l'offre de la médiation de l'Autriche, avait été arrêté à son passage à Hambourg par le commissaire de police français, et tous ses papiers visités ; on avait fait semblant de le prendre pour un voyageur anglais, lord Walpole. Cependant le passe-port dont il était porteur, visé par l'ambassadeur de

France à Vienne, ne pouvait laisser aucun doute sur son caractère. Cette infraction aux règles du droit des gens était trop grave pour n'avoir pas été autorisée. L'empereur d'Autriche en fut vivement blessé. Il ne douta pas que Napoléon n'eût voulu connaître, par les papiers de son envoyé, si sa médiation était sincère, et ne cachait pas une collusion avec l'Angleterre et la Russie. Il se plaignit vivement à l'ambassadeur de France d'un tel procédé, et demanda que le commissaire fût puni. L'ambassadeur, dont la signature avait été méconnue, ne pouvait éviter de se joindre à cette demande; il l'appuya donc et renouvela ses instances pour la paix, annonçant qu'un soulèvement général se péparait contre la France, et qu'il fallait, à tout prix, le prévenir.

L'ambassadeur fut rappelé; on lui donna pour successeur un homme de cour (le comte de Narbonne), plus propre, disait-on, par ses manières, à gagner les bonnes graces de l'aristocratie autrichienne. Celui-ci, partant pour Vienne, disait, en homme d'esprit qui ne craint pas de faire ses honneurs : « Là où le médecin ne peut plus rien, on veut essayer le charlatan. »

Médecin ou charlatan, le nouvel ambassadeur ne réussit pas à changer le cours des événements. L'offre de médiation de l'Autriche, froidement accueillie par Napoléon, ne le fut pas mieux par la Russie et l'Angleterre. Les armées russe et prussienne continuèrent de s'avancer. Napoléon, parti de Paris, le 15 avril, pour s'opposer à leurs progrès, trouva encore des ressources dans la bravoure de ses troupes et dans son génie. Les victoires de Lutzen et de Bautzen le conduisirent à Dresde. On accepta alors de part et d'autre la médiation de l'Autriche, et il fut convenu qu'on se réunirait à Prague, en congrès, pour traiter de la paix générale. Les envoyés des souverains s'y rendirent. Celui de Napoléon s'y fit long-temps attendre, et arriva avec des pouvoirs insuffisants. Le cabinet autrichien fut persuadé que Napoléon ne cherchait qu'à gagner du temps pour se mettre en état de triompher de nouveau de ses ennemis et de l'Autriche elle-même. Il se déclara contre lui, et le prince de Schwartzemberg prit le commandement de l'armée alliée. Napoléon, affaibli par tant de combats, ne put résister à cette coalition formidable. La retraite de Dresde et de Leipsick renouvela les désastres de Moscou; les alliés passèrent le Rhin le 1er janvier, et se répandirent comme un torrent dans les belles provinces de la France. La nation, lasse de la guerre, et affaissée par le pouvoir absolu, demeura, à peu d'exceptions près, spectatrice de la lutte. En

vain Napoléon se multiplia et déploya toutes les
ressources de l'art militaire pour arrêter, avec
les débris de son armée, ses nombreux ennemis,
et pour leur fermer le chemin de sa capitale; ils
y arrivèrent avant lui. Son trône fut renversé,
et la France, occupée par toutes les armées de
l'Europe, expia cruellement l'ivresse de ses vingt
ans de victoire.

DEUXIÈME PARTIE.

———

DISCUSSIONS DU CONSEIL D'ÉTAT.

CHAPITRE XVI.

SUR LE CORPS LÉGISLATIF.

Les sénatus-consultes qui intervinrent, à diverses reprises, pour constituer le gouvernement consulaire et le gouvernement impérial, donnèrent occasion à Napoléon d'exposer, dans le conseil d'état, ses théories sur la puissance législative; souvent aussi un projet de loi ou de décret, sur quelque matière de gouvernement ou d'administration, donna lieu de discuter si la matière était du ressort de la loi, ou pouvait être réglée par un décret. Nous rapportons ici les doctrines professées dans ces occasions par Napoléon, sur la part qu'il entendait faire au corps législatif. On ne s'attend pas qu'elles soient très-libérales. Il pensait que la fixation annuelle de l'impôt et les changements à apporter de temps à autre dans les lois civiles devaient être les seules attributions de ce corps ; que tout ce qui avait rapport à l'administration intérieure ou à la politique extérieure ne pouvait le regarder ; et il est certain que pour réunir, comme il le fit, tous les partis, pour faire mouvoir la nation comme un seul homme et la mener à la conquête de l'Europe, il avait besoin d'un grand pouvoir. Son œuvre eût été inexécutable avec les formes de gouvernement qui prévalurent après lui : on a vu combien son allure était gênée dans les cent-jours, par la nécessité de subir ces formes. Elles étaient aussi antipathiques à son caractère que contraires aux exigences de sa situation. C'était un vêtement qui ne lui allait pas et avec lequel il ne pouvait marcher.

Son système fut toujours de réduire autant que possible les attributions du corps législatif ; il régla par ses décrets une foule de choses qui l'avaient été jusqu'alors législativement. Le tribunat ne pouvait dénoncer ces violations de la constitution, parce qu'il n'existait plus. Le sénat *conservateur* ne conserva pas. Le corps législatif n'osa murmurer, et les tribunaux obéirent.

« Il n'y a pas une constitution dans le

monde, disait-il en 1808 (le 9 janvier), qui soit exécutée, — tout change continuellement autour de nous, — le gouvernement de l'Angleterre est tombé dans les mains d'une quarantaine de familles, — cette oligarchie a aisément fait la loi à la maison de Brunswick, étrangère au pays, mais cela ne peut durer, — les choses ne sont pas plus solidement établies en France, — un caporal pourrait s'emparer du gouvernement dans un moment de crise, — la constitution ne donne pas assez de force au gouvernement, et là où le gouvernement est faible, l'armée gouverne, — il ne doit pas être au pouvoir d'un corps législatif d'arrêter le gouvernement par le refus de l'impôt, — les impôts, une fois établis, doivent pouvoir être levés par de simples décrets, — on ne peut rester, dans l'intervalle des sessions, sans aucun moyen de faire les lois que les circonstances exigeraient, — la cour de cassation regarde mes décrets comme des lois, sans cela il n'y aurait pas de gouvernement. »

Il voulait, en matière pénale, qu'on fît des lois courtes et qui laissassent beaucoup de latitude au gouvernement ou aux juges, « Parce que, disait-il, l'homme a des entrailles et la loi n'en a pas. »

Il se prévalut, en 1810, des plaintes des localités contre la lenteur des autorisations législatives pour ordonner qu'à l'avenir toutes les affaires d'intérêt local qui étaient réglées par des lois le fussent par des décrets, sauf à faire sanctionner plus tard, par une seule loi, toutes les autorisations données par ces décrets; il renouvela, à cette occasion, ses plaintes sur les embarras que l'intervention du corps législatif apportait dans les affaires, disant que les choses ne pouvaient rester long-temps dans cet état.

OPINION DE NAPOLÉON.

Séance du 1er décembre 1803.

« Il ne faut pas se lier, dans l'institution d'un nouveau gouvernement, par des lois trop détaillées; les constitutions sont l'ouvrage du temps, on ne saurait laisser une trop large voie aux améliorations.

« Avant peu d'années, on pourra réunir peut-être le tribunat au corps législatif, en affectant la puissance tribunitienne à une réunion de certains membres du corps législatif.

« Le sénat, trop faiblement constitué dans le principe, réclamait une amélioration; je l'ai suffisamment fortifié. Si j'avais jamais à le craindre, il me suffirait d'y jeter une cinquantaine de jeunes conseillers d'état; mais, loin de là, le sénat ne présentera, dans quelques années, qu'une assemblée de vieillards de plus de quatre-vingts ans.

« Les autres corps n'ont pas assez de consistance; aucun d'eux ne pourrait garantir la nation de devenir la proie d'un colonel qui aurait quatre mille hommes à sa disposition.

« Les seules institutions qui offrent, en ce moment, quelque garantie sont le sénat et les colléges électoraux. »

Séance du 7 février 1804.

« Les nouvelles machinations qui viennent d'être découvertes exigent que des commissaires-généraux de police soient établis à Lyon et dans d'autres villes; on a tort de croire que l'intervention du corps législatif soit nécessaire pour les instituer; je pense même qu'il y aurait de l'inconvénient à l'entretenir de matières de police; il ne doit s'occuper que de l'impôt et des lois civiles générales. Une session d'un mois ou six semaines lui suffira chaque année pour cela: tout ce qui est administration, sûreté, police, n'est pas de son ressort; la politique intérieure ou extérieure ne le regarde pas. Le long séjour des députés dans les provinces les rend impropres à ces sortes d'affaires.

« Le gouvernement n'est plus, comme jadis, une émanation du corps législatif; il n'a plus avec lui que des rapports éloignés.

« Le corps législatif est le gardien du domaine public; sa mission est de consentir l'impôt; s'il s'opposait à des lois d'un intérêt purement local, je le laisserais faire; mais si une opposition se formait dans son sein, qui fût capable d'arrêter la marche du gouvernement, j'aurais recours au sénat pour le proroger, pour le changer ou pour le casser, et j'en appellerais au besoin à la nation, qui est derrière tout cela; on en parlerait diversement, mais n'importe: je sais que la badauderie est le caractère national depuis les Gaulois. »

Séance du 29 mars 1806.

« Je ne vois pas d'inconvénient à ce que les fonctions de législateur soient déclarées compatibles avec celles de juge et d'administrateur. Il est même utile que beaucoup de membres du corps judiciaire siégent au corps législatif, parce que le gouvernement n'osera leur proposer des lois contraires à la jurisprudence établie; et la jurisprudence ne variera pas.

« Je veux qu'on me fasse un corps législatif qui n'exige rien de moi; il ne faut pas toutefois le rendre plus faible qu'il l'est maintenant, car il ne pourrait me servir.

« Le corps législatif doit être composé d'individus qui, après leur temps expiré, puissent vivre de leur fortune sans qu'on leur donne une place. Il y a maintenant, chaque année, soixante législateurs sortants dont on ne sait que faire; ceux qui ne sont point placés vont porter leur bouderie dans leurs départements.

« Je voudrais des propriétaires âgés, mariés en quelque sorte à l'État par leur famille ou leur profession, attachés par quelque lien à la chose publique. Ces hommes viendraient toutes les années à Paris, parleraient à l'empereur, dans son cercle, et seraient contents de cette petite portion de gloriole jetée dans la monotonie de leur vie.

« Il convient que les fonctionnaires publics autres que les comptables puissent être membres du corps législatif: on ne saurait, pour le bien d'une nation, rendre le corps législatif trop maniable, parce que, s'il était assez fort pour vouloir dominer, il serait détruit par le gouvernement, ou le détruirait.

« On ne peut permettre cependant que les secrétaires-généraux de préfecture soient en même temps députés ; leur position est trop subordonnée, ils ne tiennent d'aucune loi leurs attributions; il y aurait anarchie à classer les secrétaires-généraux avec les sous-préfets : un secrétaire-général doit rester éternellement dans sa préfecture, comme un chef de division dans un ministère, pour y conserver les traditions.

« Au reste, il faut ajourner la discussion

de ce projet de sénatus-consulte jusqu'à ce que la session du corps législatif soit finie, afin qu'il n'aille pas se remuer pour cela. »

CHAPITRE XVII.

L'un des objets qui ont le plus occupé Napoléon a été la formation d'un corps enseignant.

« Il n'y aura pas d'état politique fixe, disait-il, s'il n'y a pas un corps enseignant avec des principes fixes. Tant qu'on n'apprendra pas, dès l'enfance, s'il faut être républicain ou monarchique, catholique ou irréligieux, l'État ne formera point une nation ; il reposera sur des bases incertaines et vagues, il sera constamment exposé aux désordres et aux changements. »

Il chargea, en 1806, Fourcroy, alors directeur de l'instruction publique, de lui présenter un projet. Fourcroy était, comme on sait, un chimiste distingué et un professeur habile ; mais il était peu capable de saisir les vues politiques de l'empereur et de concevoir un plan qui les réalisât. Il lui demanda si son dessein était de confier l'enseignement à une association religieuse. L'empereur répondit que non.

« Je ne reconnais point, ajouta-t-il, une connexité nécessaire entre ces deux idées. Il y aura corps enseignant, si tous les proviseurs, censeurs et professeurs, ont un ou plusieurs chefs, comme les jésuites avaient leur général et leur provincial ; si on ne peut être proviseur qu'après avoir été professeur, ni professer dans les hautes classes qu'après avoir professé dans les classes inférieures ; s'il y a enfin un ordre d'avancement qui entretienne l'émulation. Ce corps acquerra autant de consistance qu'en avaient les jésuites, si l'on voit qu'un jeune homme qui s'est distingué dans un lycée, devient professeur à son tour, et parvient, à la fin de sa carrière, aux premières dignités de l'État. Il faut qu'un homme qui se consacre à l'enseignement, ne puisse se marier qu'après avoir franchi les premiers degrés de sa carrière. Le mariage doit être pour lui en perspective, comme un but auquel il ne pourra atteindre qu'après avoir assuré son sort et celui de sa famille. On ne fera que lui imposer une prévoyance qui est dans le devoir de tous les hommes. »

A l'aide de ces explications et de beaucoup d'autres, Fourcroy s'efforça de rédiger quelque chose qui convînt à l'empereur, mais il ne put y réussir. Neuf rédactions furent successivement soumises au conseil, qui s'en occupa, sous la présidence de l'empereur, deux fois par semaine depuis le mois de février jusqu'à la fin d'avril. La dernière rédaction parut encore défectueuse pour le fond et pour la forme. Une question s'éleva d'ailleurs, celle de savoir si on procéderait par une loi ou par un décret. L'empereur pensait qu'un décret était suffisant; plusieurs membres du conseil demandaient une loi ; Fourcroy aurait voulu la solennité d'un sénatus - consulte. Dans cet embarras, l'empereur décida qu'on ferait une loi très-courte, qui établirait seulement l'institution en principe, et qu'on réserverait pour un autre acte les détails d'organisation. On eut ainsi, au lieu du projet de Fourcroy en 122 articles, la loi du 10 mai 1806, en trois articles, qui porte simplement création d'une université impériale, dont les membres contracteront des obligations spéciales et temporaires, et dont l'organisation sera soumise au corps législatif dans sa session de 1810.

On verra, dans les discours de Napoléon, que nous rapportons, quels furent, dans cette question, les principes qui le dirigèrent. Ils se retrouvent plus tard dans les décrets d'organisation du 17 mars 1808 et du 15 novembre 1811 ; car ce fut par décrets, et non par une loi, que l'université fut organisée, malgré l'engagement contenu dans la loi de 1806. Immédiatement après que celle-ci eut été rendue, l'empereur appela auprès de lui Fourcroy, revit avec lui les neuf projets soumis au conseil, et lui dicta les bases d'une rédaction nouvelle. La discussion de ce nouveau projet commença au conseil à la fin de mai ; il subit un grand nombre d'amendements, et fut adopté le 4 juillet; mais la guerre qui éclata avec la Prusse ne laissa pas à Napoléon le temps de faire un dernier examen du projet et de lui donner sa sanction; il resta dans les cartons. Napoléon n'avait, pour se livrer à des travaux d'organisation intérieure, que les courts intervalles de paix, et souvent il était interrompu par la guerre dans un travail commencé. Il s'était occupé de la création de l'université après la campagne d'Austerlitz; celle de Iéna survint qui l'empêcha d'en achever l'organisation.

La discussion ne fut reprise qu'au mois de février 1808, au retour de Iena et de Tilsitt. Fourcroy avait employé cet intervalle à classer dans un meilleur ordre les dispositions arrêtées en 1806. Son projet fut adopté après trois rédactions. Mais quand le décret parut (celui du 17 mars), il fut aisé de remarquer que l'empereur avait fait plusieurs changements à la rédaction adoptée en conseil. Ces changements sont curieux en ce qu'ils dénotent quel était son système relativement au clergé.

L'article 3 portait que nul établissement d'instruction ne pouvait se former hors de l'université et sans autorisation de son chef. Napoléon ajouta un paragraphe *qui exemptait les séminaires et les laissait sous la seule direction des évêques.*

L'article 7 attribuait au grand-maître, pour la première fois, la nomination des doyens et professeurs des facultés de théologie, qui devaient être ensuite nommés au concours. Le décret porta que le grand-maître ne pourrait nommer *que parmi des candidats présentés par les évêques.*

L'article 38 du projet, indiquant les bases de l'enseignement, portait au paragraphe 1er, 1° préceptes de la religion chrétienne. Napoléon, dans le décret, substitua au mot *chrétienne*, le mot *catholique.*

Il supprima le paragraphe 2, qui comprenait au nombre des bases de l'enseignement *les maximes et libertés de l'église gallicane*, et le paragraphe 3, qui y comprenait aussi *les maximes sur lesquelles reposent les lois organiques des cultes.*

Il substitua à ces deux paragraphes celui-ci : *Tous les professeurs de théologie seront tenus de se conformer aux dispositions de l'édit de 1682 concernant les quatre propositions contenues en la déclaration du clergé de France de ladite année.*

On voit combien fut laborieuse la création de cette université qui a soulevé depuis tant de plaintes, et de la part du clergé, dont elle a gêné l'influence dans l'éducation, et de la part de l'opposition libérale, qui y a vu une entrave à la liberté. On en a attaqué surtout la partie fiscale, organisée par le décret du 17 septembre 1808, et cependant il est juste de dire, à la décharge de Napoléon, qu'il fut, dans cette occasion, moins fiscal que ses conseillers. Le projet soumettait à la rétribution les écoles primaires, ce fut l'empereur qui s'y opposa. M. de Fontanes, nommé grand-maître, représenta en vain que ce serait une perte de 200,000 fr. Les écoles primaires furent exemptes.

On s'occupa, l'année suivante, de régler la juridiction de l'université sur ses membres. Le ministre de l'instruction publique présenta un projet sur lequel les sections de l'intérieur et de législation réunies firent un rapport. M. de Fontanes fut entendu. Celui-ci aurait voulu attribuer à l'université nouvelle les priviléges exorbitants dont jouissait l'ancienne université. Elle aurait jugé, dans tous les cas, ses membres, et même, dans certains cas, les personnes qui lui étaient étrangères. Les officiers de police judiciaire n'auraient pu s'introduire dans un de ses établissements qu'à la réquisition du proviseur, du principal ou du recteur. L'empereur trouva ce privilége excessif : *Ce serait*, dit-il, *étendre un voile sur la statue des lois.* Il voulut que les chefs des colléges eussent seulement le droit de prononcer des peines correctionnelles pour les cas de discipline, comme le font les officiers placés à la tête des écoles militaires. Le décret du 17 mars, sur l'université, n'accordait, en effet, qu'une juridiction de discipline. Un membre du conseil, jurisconsulte habile, objecta que si on portait devant les tribunaux ordinaires le jugement des délits contre les mœurs, la considération de l'université serait souvent exposée à de graves atteintes. Ce membre appartenait au conseil de l'université. Les autres jurisconsultes défendirent le principe du droit commun. Ils firent observer que les priviléges de l'ancienne université, en matière de juridiction, tenaient à un système général ; que les prêtres, les avocats, etc., en avaient aussi à cette époque, et qu'ils demanderaient qu'on les leur rendît. On se borna à attribuer à l'université un droit de police dans des termes beaucoup plus restreints. Napoléon, dans une autre discussion (le 1er juillet 1809), eut occasion de parler des séminaires et en parla dans des termes beaucoup moins bienveillants pour le clergé qu'il ne l'avait fait auparavant.

« J'entends, dit-il, que les petits séminaires, qui sont des écoles secondaires comme les autres, soient sous la surveillance de l'université. Les grands séminaires n'en sont exemptés qu'à titre d'écoles spéciales de théologie ; je ne veux pas que les prêtres se mêlent de l'éducation publique. »

On lui avait dit que déja quarante petits séminaires étaient formés et que les évèques percevaient pour cela beaucoup de contributions, qui pouvaient rendre plus difficile le recouvrement de celles dues à l'État.

OPINION DE NAPOLÉON.

Séance du 29 mai 1804.

« Le ministre des cultes doit présider au choix des ouvrages classiques qui seront mis dans les mains des jeunes gens ; je le charge,

11

de faire faire un petit volume pour chaque classe, qui sera composé de passages des écrivains anciens et modernes, propres à inspirer à la jeunesse un esprit et des opinions conformes aux lois nouvelles de l'empire. »

Séance du 20 février 1806.

« Je désire qu'il y ait un corps d'instruction publique qui soit la pépinière des professeurs, des recteurs et des maîtres d'études, et qu'on leur donne de grands motifs d'émulation ; il faut que les jeunes gens qui se voueront à l'enseignement aient la perspective de s'élever d'un grade à l'autre, jusqu'aux premières places de l'État. Les pieds de ce grand corps seront dans les bancs du collége, et sa tête dans le sénat. Mais il faut établir ici le principe du célibat, dans ce sens que les maîtres d'études ne pourront se marier qu'à l'âge de vingt-cinq ou trente ans, quand ils auront obtenu un traitement de trois ou quatre mille francs, et auront fait des économies suffisantes : ce n'est que l'application d'une prévoyance usitée, quant au mariage, dans toutes les classes de la société.

« Je sens que les jésuites ont laissé, sous

le rapport de l'enseignement, un très-grand vide; je ne veux pas les rétablir, ni aucune autre corporation qui soit soumise à une domination étrangère; mais je me crois obligé d'organiser l'éducation de la génération nouvelle, de manière à pouvoir surveiller ses opinions politiques et morales.

« Je pense donc qu'il faut adopter, dans cette institution, le célibat jusqu'à une époque déterminée, non pas le célibat absolu, car le mariage est sans contredit l'état de perfection sociale. »

Séance du 1er mars 1806.

« Je veux former une corporation non de jésuites qui aient leur souverain à Rome, mais de jésuites qui n'aient d'autre ambition que celle d'être utiles, et d'autre intérêt que l'intérêt public.

« Il faut que ce corps ait des priviléges, qu'il ne soit pas trop dépendant des ministres et de l'empereur; que les chefs, par exemple, soient sénateurs-nés; qu'ils aient une autorité capable de leur donner de la consistance; il faut réserver seulement à l'empereur la sanction des réglements les plus importants.

11.

« On doit former deux classes distinctes, l'une pour enseigner les élèves, l'autre pour les gouverner ; ce sont deux talents très-différents.

« Je veux constituer en France l'ordre civil ; il n'y a eu jusqu'à présent dans le monde que deux pouvoirs, le militaire et l'ecclésiastique : les barbares qui ont envahi l'empire romain n'ont pu former d'établissement solide, parce qu'ils manquaient à la fois d'un corps de prêtres et d'un ordre civil ; les Romains n'avaient que l'ordre militaire. Constantin, le premier, établit, au moyen des prêtres, une espèce d'ordre civil ; Clovis n'a fondé la monarchie française qu'avec cet appui ; il n'aurait pu sans cela se soutenir contre les Goths. La monarchie prussienne est la plus militaire de l'Europe, parce que les prêtres catholiques en ont été écartés. Les moines sont ennemis naturels des militaires, et ont servi plus d'une fois de barrière contre eux. Si Julien a été apostat, c'est parce qu'à l'époque où il était gouverneur des Gaules, l'empereur de Constantinople qui le craignait lui opposait toujours l'ordre civil, dont les évêques étaient les chefs. Les moines ne sont peut-être pas aussi inutiles qu'on l'a cru de nos jours. L'ordre civil sera fortifié par la création d'un corps enseignant ; il le sera plus encore par celle d'un grand corps de magistrats. Il faut que les présidents des grands tribunaux soient des personnages éminents ; l'appât d'un grand pouvoir et d'une grande considération préviendra cette antipathie philosophique qui, dans certains pays, éloigne les gens aisés des places et livre le gouvernement aux imbéciles et aux intrigants : ce n'est point encore le cas de la France, car tout le monde y veut des places, surtout depuis l'organisation du sénat ; mais c'est le cas de l'Autriche. Je ne pense pas qu'il faille s'occuper d'un régime d'instruction pour les jeunes filles, elles ne peuvent être mieux élevées que par leurs mères ; l'éducation publique ne leur convient point, puisqu'elles ne sont point appelées à vivre en public : les mœurs sont tout pour elles ; le mariage est toute leur destination. La carrière religieuse leur était jadis ouverte ; elles épousaient Dieu, et la société n'y gagnait pas grand'chose ; mais leurs parents y gagnaient de n'avoir point de dot à payer : tout cela est changé. »

Séance du 11 mars 1806.

« Il faut imiter dans le corps enseignant la classification des grades militaires.

« Je veux surtout une corporation, parce qu'une corporation ne meurt point; l'école militaire de Fontainebleau va très-bien en ce moment, parce qu'elle a un bon gouverneur, mais cette prospérité n'est que viagère. On n'a pas à craindre que je rétablisse les moines, je n'y réussirais pas quand je le voudrais, surtout si j'exigeais qu'ils fissent à vingt-un ans le vœu de chasteté; ils n'ont pu se recruter dans le temps, malgré le décret de M. de Choiseul, qui leur assurait beaucoup d'avantages : les congrégations religieuses enseignantes ne furent pas instituées dans le principe pour l'enseignement, mais dans des idées de renoncement au monde, et pour obtenir la considération qui s'y attachait.

« Les moines formaient la milice du pape, ils ne reconnaissaient pas d'autre souverain que lui ; aussi étaient-ils plus à craindre pour les gouvernements que le clergé séculier : celui-ci, sans eux, n'eût jamais embarrassé.

On connaît les vices et les scandales qui régnaient parmi les moines; j'ai eu moi-même occasion d'en juger, ayant été quelque temps élevé parmi eux. Je respecte ce que la religion respecte; mais, comme homme d'état, je ne puis aimer le fanatisme du célibat; ça été un moyen par lequel la cour de Rome a voulu river la chaîne de l'Europe, en empêchant que les religieux ne fussent des citoyens. Le fanatisme militaire est le seul qui me soit bon à quelque chose; il en faut pour se faire tuer. Mon but principal, dans l'établissement d'un corps enseignant, est d'avoir un moyen de diriger les opinions politiques et morales; cette institution sera une garantie contre le rétablissement des moines, on ne viendra plus m'en parler; ils seraient sans cela rétablis un jour ou l'autre. Quant à moi, j'aimerais mieux confier l'éducation publique à un ordre religieux que de la laisser telle qu'elle est; mais je ne veux ni l'un ni l'autre. »

Séance du 20 mars 1806.

« Je pense que le corps enseignant pourra se composer d'environ dix mille personnes.

« L'essentiel est que les membres de l'université, puisque c'est ainsi qu'on l'appellera, aient le privilége exclusif de l'enseignement et qu'ils soient assermentés.

« Huit cent mille francs ou un million devraient couvrir toutes les dépenses de la corporation. On doit faire en sorte que les jeunes gens ne soient ni trop bigots ni trop incrédules; ils doivent être appropriés à l'état de la nation et de la société. C'est une chose digne de remarque que l'instruction, à sa naissance, a toujours été accompagnée d'idées religieuses.

« Mes lectures habituelles, en me couchant, sont de vieilles chroniques des 3e, 4e, 5e et 6e siècles; je les lis ou je me les fais traduire. Rien n'est plus curieux et plus ignoré que le passage des anciennes mœurs aux mœurs nouvelles, la transition des anciens états aux nouveaux fondés sur leurs ruines. On se figure, par exemple, que les anciens Gaulois étaient barbares : c'est une grande erreur ; ce furent les barbares qui leur apportèrent la barbarie. Les gouvernements ont eu peu à s'occuper de l'éducation publique dans les états d'Occident, particulièrement depuis la religion chrétienne, parce qu'elle était confiée au clergé;

il leur suffisait de connaître l'esprit du clergé pour savoir dans quel esprit elle était dirigée. Les gouvernements de l'Orient, au contraire, s'en sont beaucoup occupés, surtout avant la religion chrétienne : les lois de Lycurgue, par exemple, obligeaient les jeunes gens à manger à la même table; mais des lois semblables, bonnes pour une petite ville pauvre, ne ressemblent en rien à celles que réclame la grande nation. Je prévois déja les mauvaises plaisanteries qu'on fera sur la nouvelle université : on la blâmera d'abord, on la trouvera bientôt moins mauvaise; elle deviendra enfin l'admiration de la France, et peut-être de l'Europe.

« Je sais encore que la composition de ce corps ne sera pas d'abord très-bonne, parce qu'il ne faut faire perdre à personne son état. Ce ménagement fera conserver des éléments hétérogènes et impurs; mais peu à peu le corps s'épurera; on en chassera surtout les hommes qui auront de mauvaises mœurs. Si les rois de France se sont peu occupés de l'instruction publique, est-ce une raison pour les imiter, ayant l'ambition de faire mieux qu'ils n'ont fait ? Sortis d'ailleurs des brouillards de l'ignorance avec le corps ecclésiastique, ils ont trouvé des éléments d'instruction publique tout organisés, et ont été obligés de laisser agir cette force parallèle. Nous pouvons au contraire supposer que rien n'existe, tout est à organiser à neuf; il est impossible de rester plus long-temps comme on est, puisque chacun peut lever une boutique d'instruction comme une boutique de drap.

« Je veux que les membres du corps enseignant contractent non pas un engagement religieux comme autrefois, mais un engagement civil, devant notaire ou devant le juge de paix, ou le préfet, ou tout autre; ils s'engageront pour trois ans, ou six ans, ou neuf ans, à ne pouvoir quitter, sans prévenir un certain nombre d'années d'avance. Ils épouseront l'instruction publique comme leurs devanciers épousaient l'Église, avec cette différence que ce mariage ne sera pas aussi sacré, ni aussi indissoluble; je veux cependant qu'on mette quelque solennité dans cette prise d'habit, tout en l'appelant d'un autre nom. »

Séance du 7 avril 1807.

« Un grand prince a mille moyens, dit-on,

d'imprimer à ses institutions tel caractère qui lui convient. Je demande que chaque membre du conseil d'état se constitue, par la pensée, ce grand prince, et recherche par quel moyen il établirait l'unité du corps enseignant. Je ne connais, pour constituer un corps semblable, que deux sortes de liens, les liens célestes et les liens terrestres; il faut choisir : c'est quelque chose que l'habit, le privilége, mais tout cela ne suffit pas sans l'argent; c'est si vrai que je puis, quand je voudrai, créer une corporation religieuse, en affectant à son entretien 60 millions de rente. La fortune a toujours été le premier titre à la considération: les moines n'ont été respectés et puissants que lorsqu'ils ont eu de grands revenus; le principal d'un couvent auquel étaient attachés 30,000 francs de rente jouissait de la même considération qu'un particulier qui aurait eu personnellement ce revenu, parce qu'ayant le maniement des fonds, il exerçait l'influence d'un propriétaire sur le fermier, l'avocat, le médecin, etc. : c'était le véritable lien qui constituait la corporation. Qu'on examine ainsi les liens prétendus célestes, on les trouvera tous aussi terrestres.

Il ne faut pas s'abuser sur les ressources du pouvoir : un grand prince, quelque grand qu'il soit, n'a que des moyens humains; il faut choisir ici entre un corps religieux et un corps civil.

« Je pense que les écoles spéciales et les pensions particulières doivent être englobées dans l'organisation du corps enseignant; il faut constituer ce corps de manière à avoir des notes sur chaque enfant depuis l'âge de neuf ans. On fera circuler les professeurs dans l'empire selon les besoins ; on aura soin d'établir partout une discipline sévère ; les professeurs eux-mêmes seront soumis, dans certains cas, à la peine des arrêts : ils n'en souffriront pas plus dans leur considération que les colonels contre qui cette peine est prononcée. J'ai mis dernièrement le prince Louis aux arrêts pendant trois jours chez lui, parce qu'un régiment est arrivé trop tard à la parade; cela ne déshonore point. »

Séance du 21 mai 1806.

« On prétend que les écoles primaires tenues par les frères ignorantins pourraient introduire dans l'université un esprit dangereux ; on propose de les laisser en dehors de la juridiction, ainsi que les écoles de la rive gauche du Rhin qui dépendent des consistoires protestants. Je ne conçois pas l'espèce de fanatisme dont quelques personnes sont animées contre les frères ignorantins, c'est un véritable préjugé ; partout on me demande leur rétablissement, ce cri général démontre assez leur utilité. Quant aux écoles protestantes, elles subiront le sort commun ; on les détachera de la juridiction religieuse pour les faire entrer dans le corps civil : la moindre chose qui puisse être demandée par les catholiques, c'est sans doute l'égalité ; car trente millions d'hommes méritent autant de considération que trois millions. Il est bien ridicule de voir tant de philosophes louer la tolérance des Anglais, lorsque ce peuple est le seul qui ne reconnaisse pas les principes de la tolérance, lorsque son gouvernement aime mieux avoir une armée de 60,000 hommes en Irlande, que de laisser jouir cette île des droits les plus légitimes. Les Hollandais aussi sont d'une intolérance extrême à l'égard des catholiques : ils sont parvenus à les chasser de toutes les places, et ce qui leur répugne le plus dans les arrangements politiques qui se préparent, c'est l'idée que je leur donnerai un prince catholique.

« Je conçois qu'on ait été disposé à la défiance envers les prêtres catholiques pendant la révolution, parce qu'ils étaient mécontents; mais aujourd'hui que le gouvernement se les est rattachés à force d'adresse et de faveurs, on doit changer de conduite à leur égard ; les prêtres catholiques se conduisent très-bien, et sont d'un très-grand secours; ils ont été cause que la conscription de cette année a été beaucoup mieux que celle des années précédentes ; les mœurs se sont améliorées par leur influence ; c'est par eux que le calme et la tranquillité se sont rétablis ; aucun corps de l'État ne parle aussi bien qu'eux du gouvernement. Je viens de leur donner un témoignage de ma satisfaction en plaçant l'archevêque de Tours et celui de Toulouse dans le sénat.

« Une preuve, dit-on, que l'influence des frères ignorantins a été toujours redoutée, c'est l'obligation qu'on leur a imposée de s'interdire par leur vœu toute autre connaissance que la lecture, l'écriture et les éléments du calcul; cette prétendue preuve n'est qu'un enfantillage; on n'a eu d'autre but, en leur prescrivant ce vœu, que de les rendre plus propres à leur destination. Je ne suis pas plus touché de la crainte qu'un prêtre puisse se trouver un jour à la tête de l'instruction publique; quand cela serait, quel mal pourrait-il faire, puisque ses agents ne seraient point prêtres? Cette place de grand-maître ne sera point, comme on le prétend, la deuxième de l'État. Ceux qui proposent de laisser les frères ignorantins en dehors de l'université ne s'aperçoivent pas qu'ils vont contre leur but; c'est en les comprenant dans l'université qu'on les rattachera à l'ordre civil, et qu'on préviendra le danger de leur indépendance. Il ne s'agit pas de savoir si on les établira; le fait est qu'ils existent malgré l'administration: je conclus qu'il vaut mieux les régulariser; ils ne seront plus dangereux dès qu'ils n'auront plus un chef étranger ou inconnu.

« Quant aux grades de l'université, il ne faut pas accorder si facilement celui de *docteur*. Le postulant doit être examiné sur des matières plus difficiles, par exemple, sur la comparaisondes langues ; il n'y aurait pas de mal qu'on le fît parler en latin pendant une heure et demie. Il n'est pas nécessaire que tout le monde puisse être docteur. Je n'approuve pas d'un autre côté qu'on ne puisse être reçu bachelier dans la faculté de médecine sans être bachelier dans celle des sciences, parce que la médecine n'est point une science exacte et positive, mais seulement une science de conjectures et d'observations. J'aurais plus de confiance dans un médecin qui n'aurait pas étudié les sciences exactes que dans celui qui les posséderait. J'ai préféré M. Corvisart à M. Hallé, parce que M. Hallé est de l'Institut; M. Corvisart ne sait pas seulement ce que c'est que deux triangles égaux. On ne doit pas détourner l'étudiant en médecine de la fréquentation des hôpitaux, de la dissection et des études relatives à son art : l'anatomie, quoique la partie la moins conjecturale de la médecine, est encore enveloppée de ténèbres ; on ne sait pas pourquoi ni comment nous vivons, ce que c'est que les esprits vitaux. Exiger d'un jeune homme des connaissances si diverses pour l'admettre dans une carrière, c'est risquer de priver l'État des grands hommes que cette carrière pourrait produire un jour ; car par une bizarrerie de l'esprit humain, tel est un grand médecin ou un grand jurisconsulte qui n'a jamais pu apprendre une division complexe.

« Il y a aussi quelque chose à changer dans l'autorité qu'on propose d'attribuer à l'université sur les écrits : il ne faut pas qu'elle puisse s'arroger aucun pouvoir répressif contre les ouvrages qui paraissent hors de son sein ; son droit se bornera à leur répondre, à les mettre à l'index de l'université, et à punir les professeurs qui s'en serviraient pour l'enseignement ; ces moyens lui suffiront pour empêcher que la jeunesse ne soit empestée par mille erreurs, et jetée dans des hérésies scientifiques ou littéraires. On n'enseignera point, par exemple, les marées de M. Bernardin de Saint-Pierre, dont le système décèle la plus honteuse ignorance dans ces matières et même dans les plus simples éléments de la géométrie ; l'auteur aurait dû être chassé de l'Institut pour s'être mêlé d'écrire sur les harmonies de la nature et sur mille autres choses qu'il n'entend pas. Je ne veux pas dire, malgré cela, qu'il ne soit un homme aimable, un bon écrivain : *Paul et Virginie* et *la Chaumière indienne* sont des ouvrages distingués ; il en est récompensé par une pension de six mille francs.

« Je me suis opposé à la publication des derniers écrits de M. Delalande. Je ne m'en serais pas mêlé s'il n'avait fait que prêcher l'athéisme sans compromettre personne ; au reste, il n'a tenu compte de la défense, et il imprime toujours. » (*On rit.*)

CHAPITRE XVIII.

SUR LA JUSTICE, LE CONSEIL D'ÉTAT, LES PRISONS, ETC.

Cours d'assises.—Les cours d'assises, présidées par des conseillers de la cour royale, n'ont été organisées que par le code d'instruction criminelle en 1808; jusqu'alors les juges ne se déplaçaient pas, et cependant on voit, par un discours de Napoléon que nous rapportons, et qui a été prononcé en 1804, à l'occasion d'un projet sur l'organisation judiciaire, qu'il nourrissait, dès cette époque, la pensée d'instituer des juges ambulants qui partiraient d'un centre, et iraient dans les départements présider à la distribution de la justice. Il avait cru reconnaître, en diverses occasions, particulièrement dans les procès politiques, que les juges du lieu étaient dominés par les influences locales. Il pensait qu'un juge qui arriverait du dehors pour le jugement de l'affaire, et qui partirait aussitôt après, serait plus indépendant et que le gouvernement obtiendrait une juste part d'influence, par le droit qu'il aurait d'envoyer tel juge plutôt que tel autre, suivant la nature de la cause ; mais il avait conçu l'institution comme elle existe en Angleterre. Un certain nombre de grands-juges ou chefs de justice devaient résider dans la capitale, d'où ils auraient été envoyés périodiquement dans telle ou telle direction. La chose n'a pas été ainsi établie. On a pensé, avec raison, que le territoire de la France était trop étendu pour admettre cette assimilation avec l'Angleterre. Le ressort de chaque cour royale a paru une circonscription d'une étendue suffisante. Chaque cour a été le centre d'où sont partis les présidents des assises, et c'est parmi ses membres qu'ils ont été choisis.

On voit aussi, dans le discours de Napoléon, qu'il regrettait que les juges qui ne travaillent pas fussent aussi bien payés que ceux qui travaillent, et qu'il aurait voulu pouvoir les intéresser à la prompte expédition de la justice, en rétablissant quelque chose comme les épices. C'est ce qu'il a fait pour la cour des comptes, mais bien imparfaitement.

On ne sera pas étonné de l'entendre dire que la peine de la confiscation ne peut être abolie, si on se rappelle qu'il fut impossible de le déterminer à l'abolir dans l'acte additionnel des cent-jours, bien que les circonstances l'obligeassent à reproduire, dans cet acte, les dispositions libérales de la charte et que l'omission de celle-là dût produire un très-mauvais effet. Il pensait que la crainte de la confiscation était la plus puissante garantie contre les hommes qui seraient tentés de conspirer contre lui. L'intérêt était à ses yeux le principal mobile des actions humaines, et trop souvent il en a fait le ressort de son gouvernement.

Prisons.—Les prisons excitèrent toujours beaucoup la sollicitude de Napoléon. Il chargea, en 1804, un conseiller d'état d'examiner dans le plus grand détail la situation de celles de Paris sous le double rapport du personnel et du matériel, et de lui en rendre compte. Cette inspection fut suivie de beaucoup d'améliorations dans le régime des prisons et d'un grand nombre de mises en liberté.

Il fut question, en 1809, de faire un réglement pour les *prisons de haute police* (on n'osait dire *les prisons d'état.*) Le projet soumis au conseil attribuait ce caractère aux châteaux de Saumur, de Ham, d'If, de Pierrechâtel et de Vincennes. Il donnait au ministre de la police le droit d'y renfermer les individus qui ne pourraient être mis en jugement sans inconvénient. L'autorisation de les retenir devait être accordée par un conseil privé, composé comme celui qui donnait son avis sur les recours en grâce; elle aurait été renouvelée annuellement sur le rapport d'un conseiller d'état qui aurait entendu les détenus. Napoléon se plaignit de ce qu'un projet aussi propre à effaroucher les esprits était présenté en termes si brefs et sans préambule.

« Il faut, dit-il, deux pages de considérants qui contiendront des idées libérales; on revient, pour la première fois, aux prisons d'état. C'est une mesure très-délicate et dans laquelle tous les mots doivent être pesés. Le droit qu'on attribue au ministre de retenir sans jugement est fait pour alarmer les citoyens. Je veux leur donner des garanties contre l'abus qui en pourrait être fait. Il faut, par exemple, que la décision du conseil privé soit transmise au procureur général et que ce magistrat visite les détenus chaque année. »

Le projet subit un grand nombre de rédactions, et finit par produire le décret du 3 mars 1810, dans lequel le mot de *prison d'état* est enfin prononcé.

Conseil d'état. — Napoléon aimait le pouvoir arbitraire, en ce sens qu'il voulait être maître de décider ; mais il aimait à s'entourer des lumières nécessaires pour décider en connaissance de cause ; il pensait, avec raison, que l'arbitraire ne peut être justifié et maintenu que par le bon usage qu'on en fait. De là le soin qu'il apporta dans l'organisation et la composition de son conseil d'état, seule institution qui éclairait sa marche dans l'administration intérieure. Il reconnut que dans le nombre des affaires sur lesquelles il statuait chaque jour, d'après l'avis du conseil d'état, il y en avait beaucoup qui intéressaient l'honneur ou la fortune des citoyens, et qui devraient être instruites autrement qu'une autorisation de coupe de bois ou un réglement sur la voirie. De ce nombre étaient les autorisations pour la mise en jugement des fonctionnaires, et plus encore la décision des contestations entre l'administration et les fournisseurs. Il pensa que ces décisions étaient de véritables jugements, pour lesquels il fallait organiser, dans le sein du conseil d'état, un tribunal qui procéderait selon les formes ordinaires de la justice, et qui entendrait, surtout, les parties.

Un premier projet fut présenté au mois d'avril 1806, qui distinguait dans le conseil d'état quatre sortes d'attributions :

La rédaction des lois et des réglements d'administration publique, ou leur interprétation ;

La haute police administrative, c'est-à-dire le jugement des faits qui, sans être du ressort des tribunaux, sont de nature à compromettre l'ordre public ou les intérêts des citoyens;

Les décisions en matière administrative, telles que les autorisations données aux communes d'acheter ou de vendre;

Enfin les affaires du contentieux administratif.

Ce projet, rédigé par Regnault de Saint-Jean-d'Angely, président de la section de l'intérieur, énumérait trois cent soixante-dix-neuf cas dans lesquels il y avait lieu à un réglement d'administration publique délibéré en conseil d'état. On voyait dans sa rédaction l'intention d'assurer et d'étendre les pouvoirs de ce conseil. Il fut jugé trop étendu, et plusieurs rédactions furent présentées avant d'arriver au décret du 11 juin 1806.

L'empereur fit dans le cours de la discussion diverses observations. Il se plaignit de ce que beaucoup de membres qui avaient des attributions en dehors du conseil n'assistaient pas assidûment aux délibérations de la section, en sorte que l'avis de la section de l'intérieur, par exemple, n'était souvent que celui de M. Regnault. Il dit qu'il ne fallait pas chercher à définir la haute police administrative; qu'un peu de vague était ici inévitable; qu'il fallait que les réclamations arrivassent au conseil par le ministre et non au ministre par le conseil; que cette dernière marche serait dangereuse.

Il fit connaître que son intention était de créer dans le conseil un rang intermédiaire entre celui des conseillers d'état et celui des auditeurs, en rétablissant les maîtres des requêtes; et en effet le décret les institua.

Il sentait le besoin, à mesure que son empire s'étendait, d'élargir les cadres de son administration pour avoir plus d'instruments à sa disposition, pour satisfaire plus d'ambitions, et pour engager un plus grand nombre de personnes dans sa cause. Déja le nombre des auditeurs qu'il avait nommés était si grand, qu'il ne pouvait s'ouvrir, avec le même abandon, devant un si grand nombre de jeunes gens appartenant à des classes très-diverses. Il établit, dans le décret, une distinction entre les anciens et les nouveaux. Les premiers purent seuls assister aux séances, quand il les présidait.

Après avoir présidé aux séances où fut décidé l'établissement du comité du contentieux, l'empereur laissa au conseil le soin de discuter sans lui les détails de la procédure qui serait suivie pour les affaires portées devant le comité. Elle fut réglée par le décret du 22 juillet.

Tribunaux maritimes. — On remarquera dans le discours de l'empereur sur cette matière, avec quel art il donne une couleur libérale à l'établissement des tribunaux militaires.

« Les délits militaires, dit-il, veulent être jugés promptement et sévèrement, et il serait dangereux d'accoutumer les juges ordinaires à une justice si expéditive et à des peines si atroces. »

Il lui répugnait cependant de multiplier ces tribunaux, en en créant de spéciaux pour la marine. Ceux de l'armée de terre lui semblaient propres à exercer cette double juridiction, d'autant qu'il y avait, disait-il, dans chaque port et sur les vaisseaux, autant de soldats que de marins.

Napoléon a blâmé, dans plusieurs occasions, la tendance de la marine à faire, en toute chose, un corps à part : l'esprit de corps cependant est un grand moyen d'émulation et par conséquent de gouvernement. Napoléon le sentait quand il créa l'université pour l'opposer au clergé; mais il voulait que cet esprit se manifestât pour le servir, jamais pour faire obstacle à ses volontés.

Le projet sur les tribunaux maritimes fut renvoyé aux sections de la marine, de la guerre et de la législation, pour être remanié et abrégé. Il donna naissance au décret du 22 juillet 1806, qui institua les conseils de marine et régla la police et la justice à bord des vaisseaux.

OPINION DE NAPOLÉON.

Séance du 18 juin 1804.

« Des juges ambulants qui iront tenir leurs assises seront dans les mains du gouvernement des instruments plus utiles que les juges sédentaires. Peut-on dire qu'il y ait en France un gouvernement, quand on voit rendre la justice au milieu d'une tourbe de procureurs et d'avocats qui dirigent l'opinion publique, et par elle inspirent la terreur aux juges et aux témoins ; nous en avons eu récemment des exemples remarquables (1). Ne voit-on pas des juges, même de la cour de cassation, dîner chez des avocats et contracter avec eux des habitudes de société qui détruisent le respect dû à la magistrature et son indépendance morale; un préteur ambulant arrivant dans le lieu où il doit tenir ses assises, n'y sera pas si aisément influencé et surtout intimidé; on aura, à la préfecture, un petit appartement pour le recevoir ; il lui sera défendu de loger ailleurs et d'accepter à dîner

(1) Allusion au procès de Moreau, Pichegru, Georges, etc.

chez qui que ce soit. Les grands fonctionnaires de l'ordre judiciaire sont trop dispersés ; je ne puis connaître les présidents
de justice criminelle de Provence ou du Lan-
guedoc, je n'en suis pas connu davantage, en
sorte que j'ai sur eux très peu d'autorité : si
j'avais au contraire trente préteurs criminels
à Paris, je les connaîtrais et les enverrais
dans telle ou telle direction suivant leur caractère ; j'enverrais, par exemple, dans la
Vendée ceux dont la fermeté me serait con-
nue ; ils y seraient moins timides que les juges
actuels qui, étant du pays, n'osent déployer la
sévérité de leurs fonctions. L'intérêt du gouvernement exige qu'il ait une action plus directe sur la justice criminelle ; les présidents
actuels des tribunaux n'ont pas la force de
défendre l'État ; ils laissent tout dire contre
le gouvernement, et tremblent devant l'opinion publique créée par les avocats ; il en résulte une sorte d'anarchie dans la justice.
Rien n'empêcherait de choisir un certain
nombre de juges ambulants dans la cour de
cassation ; les membres de cette cour, qui ne
sont que dix, seraient portés à soixante (1).

(1) Napoléon institua, en effet, les cours d'assises prési-

« Les parlements en imposaient jadis aux avocats; ceux-ci en imposent maintenant aux tribunaux. Un pareil état de choses ne permettrait pas de rétablir l'ordre des avocats sans un véritable danger.

« Il n'y a point d'ordre judiciaire en France, parce que les juges ne sont pas assez nombreux pour faire corps, et parce que les fainéants sont aussi bien payés que les travailleurs; il faudrait que le traitement pût varier en raison du travail.

« Je ne pense pas qu'on puisse abolir la peine de la confiscation; il n'y a aucun peuple qui ne l'ait adoptée pour les cas de fausse monnaie et de conspiration. »

Séance du 22 mai 1804.

« Je reçois beaucoup de plaintes sur la maison de détention de Saint-Denis et plus encore sur le Dépôt de la préfecture de police; les plus honnêtes gens sont exposés à passer la nuit dans ce dépôt et quelquefois un plus long temps avant d'être reconnus et inter-

dées par des juges ambulants. La grande majorité du conseil d'état avait été opposée à cette institution.

rogés ; on y trouve des femmes honnêtes, de jeunes enfants, avec des filles publiques et des scélérats. Je demande depuis quatre ans qu'il y ait des chambres propres et séparées où les détenus aisés, les gens comme il faut, puissent trouver, en payant, des logements particuliers, gais et commodes, dans lesquels ils puissent être seuls, s'ils le désirent. On n'a rien fait encore pour le régime des prisons, parce que l'assemblée constituante a voulu trop bien faire.

« Je désire qu'une commission de trois personnes soit instituée pour s'occuper de cet objet; j'en nommerai les membres et je mettrai sur leur responsabilité morale et sur leur conscience tous les abus qu'ils ne réprimeront pas. »

Séance du 4 mars 1806.

« J'ai besoin d'un tribunal spécial pour le jugement des fonctionnaires publics, pour les appels des conseils de préfecture, pour les questions relatives à la fourniture des subsistances, pour certaines violations des lois de l'État, pour le cas, par exemple, où la banque les a violées, pour les grandes affaires de commerce que peut avoir l'État en sa qualité de propriétaire du domaine et d'administrateur.

« Il y a dans tout cela un arbitraire inévitable ; je veux instituer un corps demi-administratif, demi-judiciaire, qui réglera l'emploi de cette portion d'arbitraire nécessaire dans l'administration de l'État ; on ne peut laisser cet arbitraire dans les mains du prince, parce qu'il l'exercera mal ou négligera de l'exercer. Dans le premier cas, il y aura tyrannie, le pire des maux pour un peuple civilisé ; dans le second cas, le gouvernement tombera dans le mépris. Ce tribunal administratif peut être appelé *conseil des parties*, ou *conseil des dépêches*, ou *conseil du contentieux*. Je lui donnerai à juger la contestation entre l'intendant de ma liste civile et mon tapissier qui veut me faire payer mon trône et six fauteuils cent mille écus ; j'ai refusé de payer cette somme exorbitante (1).

(1) L'empereur, dans cette même discussion, s'est plaint vivement des architectes. « Ils ruinent, a-t-il dit, l'État et les particuliers ; on ne trouverait pas, à Paris, une famille qu'ils n'aient ruinée. Je voudrais qu'il fût possible de les rendre responsables quand ils excédent les devis, et d'établir

« Je me plains tous les jours du grand nombre d'actes arbitraires qu'on me fait faire ; ils émaneront plus convenablement de ce tribunal. On me fait signer aveuglément des décisions délibérées dans le conseil d'état sur des matières contentieuses ; je ne suis pour cela qu'une griffe. Je ne veux pas que ce pouvoir reste à mes successeurs, parce qu'ils pourraient en abuser ou souffrir qu'on en abusât.

. « Je veux qu'on gouverne l'État par des moyens légaux, et qu'on légalise par l'intervention d'un corps constitué ce qu'on peut être obligé de faire hors de la loi. »

Séance du 8 mars 1806.

« Notre jurisprudence est un tableau de marqueterie, elle ne découle pas d'un principe général.

« Les tribunaux spéciaux sont hors du droit commun ; ils ne doivent pas durer plus long-temps. On les a institués dans les temps pour arrêter une inondation de crimes de

contre eux la contrainte par corps pour le paiement de cet excédant. »

faux. Il faudra les remplacer par des tribunaux prévôtaux. La gendarmerie a besoin
d'être protégée par des tribunaux d'exception
contre la partialité des jurés, surtout en matière de conscription. Les conseils de guerre
sont ce qu'il y a de plus mauvais, de moins
judiciaire, mais ce sont eux qui se rapprochent
le plus des tribunaux prévôtaux. Il n'y a jamais
eu d'ailleurs plus de rapprochement entre la
robe et l'épée, puisque les fils des juges et des
présidents sont, la plupart, sous-lieutenants;
c'est un grand bien qui résulte des principes
généraux de l'administration actuelle.

« En attendant qu'un tribunal soit institué
pour protéger la gendarmerie, ne pourrait-
on pas établir que, dans les affaires où elle
sera en cause, les jurés seront pris parmi les
gendarmes ? » (*On rit*).

Séance du 13 mars 1806.

« La loi doit se borner à poser un principe
général. Ce serait en vain qu'on voudrait y
prévoir tous les cas, l'expérience prouverait
qu'on en aurait omis beaucoup; on n'oserait,
par respect pour elle, suppléer à son silence,

13

et la justice en souffrirait ; il faut laisser au gouvernement le soin de statuer sur les détails par des réglements d'exécution; il pourra sans inconvenient tâtonner et se régler sur l'expérience ; rien n'empêchera qn'au bout de deux ou trois ans on ne convertisse définitivement en lois ceux de ces réglements dont l'expérience aura démontré la sagesse. »

Séance du 20 mars 1806.

« On me propose de créer des tribunaux spéciaux pour les arsenaux de marine : nous avons déja deux espèces de justice, les conseils de guerre et les tribunaux ordinaires ; je désire qu'on n'en crée pas une troisième pour les marins.

« Je ne propose pas d'assujettir les marins aux tribunaux ordinaires, parce que, dans la discipline militaire , un soufflet mérite la mort, une menace les galères : ce sont des crimes au premier chef : il y aurait de l'inconvénient à accoutumer les tribunaux ordinaires à cette jurisprudence féroce ; il vaut mieux avoir recours, pour les marins , aux tribunaux militaires. Telle est, au premier abord, mon opinion : peut-être sera-t-elle modifiée par la discussion.

« Je voudrais que les réglements de discipline qu'on fera pour nos marins ne donnassent pas plus le droit de les frapper qu'on n'a celui de frapper nos soldats, parce que le principe des Français est qu'un coup reçu doit absolument être rendu. Je ne prétends pas pour cela que, dans le service, et près de l'ennemi, on ne puisse stimuler, par ce moyen, les marins et les soldats : ce n'est plus l'usage d'un droit ; c'est vivacité, c'est zèle pour le service. Les Autrichiens, moins délicats, condamnent leurs soldats à recevoir un certain nombre de coups. Aussi, dans la dernière campagne d'Italie, une petite ville nous ayant trahis pour suivre le parti autrichien, voici ce que j'ai fait : j'ai dégradé les habitants du titre de citoyens italiens. Cette dégradation a été écrite sur un marbre placé à la porte de la ville ; le gouvernement de cette ville a été confié à un officier de gendarmerie, et toutes les fois que les habitants ont encouru la peine de la prison, cette peine a été convertie en un certain nombre de coups, à la manière de leurs amis les Autrichiens. Je n'ai eu qu'à me féliciter des bons effets de cette mesure.

« Les règles rigoureuses de la discipline militaire sont nécessaires pour garantir l'armée des défaites, du carnage, et surtout du déshonneur : il faut qu'elle regarde le déshonneur comme plus affreux que la mort. La nation retrouve des hommes plus aisément qu'elle ne retrouve son honneur.

« On doit mettre à profit, autant que possible, dans l'organisation des tribunaux maritimes, comme dans tout le reste, les machines existantes ; il vaut mieux examiner un système dans son ensemble que de toucher seulement à une de ses parties.

« Je veux enfin que les projets de loi soient très-courts et très-concis. »

Séance du 8 avril 1806.

« Si le conseil d'état doit être organisé, pour certains cas, en tribunal de haute administration, il vaudra mieux qu'il prenne alors la qualification de *conseil administratif* ou *cour administrative*, que celle de *conseil de haute police ;* je n'aime pas ce mot de *police.*

« Je ne devrai pas, ce me semble, présider le conseil d'état quand il aura à prononcer comme tribunal sur des individus, puisque ce sera par moi qu'ils auront été traduits devant lui. Je pense aussi que ce serait à moi, et non au conseil d'état, à renvoyer, dans certains cas, les prévenus devant les tribunaux ordinaires ; car le conseil d'état préjugerait en quelque sorte la culpabilité en prononçant ce renvoi après sa délibération, tandis que moi je ne ferais que renvoyer devant ceux qui jugent en mon nom, sans délibération, et par conséquent sans rien préjuger.

« Il y a, en ce moment, un grand vice dans le jugement des affaires contentieuses au conseil d'état, puisqu'elles sont jugées sans entendre les parties.

« Je trouverais très-commode de pouvoir renvoyer au conseil les abus commis par les préfets ; cette crainte contiendrait le petit nombre de ceux qui me donnent des sujets de plainte. »

Séance du 18 avril 1806.

« Je veux créer dans le conseil d'état une commission pour le jugement des affaires contentieuses : elle se composera de cinq ou six auditeurs et de deux conseillers d'état, et sera présidée par le grand-juge ; il serait plus coûteux de nommer pour son président un conseiller d'état, parce qu'on demanderait un hôtel et des frais d'établissement. Le grand-juge a tout cela ; on épargnera une dépense de cinquante mille écus. La présence de ce premier magistrat inspirera d'ailleurs un esprit plus gouvernemental à cette fraction du conseil qui, sans cela, pourrait se servir contre un souverain faible du pouvoir qui lui sera délégué. Le conseil d'état pourrait aisément devenir trop puissant ; il est le premier ordre civil et le dépositaire de la portion très-limitée que s'est réservée le souverain dans le gouvernement de l'État ; il serait utile de créer un grade intermédiaire entre les préfets et les conseillers d'état, comme étaient, par exemple, les maîtres des requêtes. Le gouvernement choisirait dans ceux-ci, après deux ou trois années d'exercice, ceux qui se seraient montrés capables d'être conseillers d'état; il ne serait plus exposé à donner sa confiance à des ganaches, comme cela lui est arrivé.

« Il faut que les auditeurs, membres de la commission du contentieux, aient la parole au conseil d'état et soient entendus contradictoirement avec les parties. Le grand-juge sera, dans cette occasion, la partie publique. Il est dans une position convenable pour remplir cette commission, car c'est un ministère à part et sans administration. »

CHAPITRE XIX.

SUR LES CULTES.

Napoléon, à son avénement à l'empire, s'occupa beaucoup du clergé. Il fit discuter en sa présence, par le conseil d'état, divers projets pour l'organisation des séminaires, pour celle des cures et des succursales, pour le rétablissement des Missions étrangères, des sœurs grises, des frères ignorantins, pour le jugement des appels comme d'abus. Les discours ici rapportés ont été prononcés par lui dans ces discussions.

Napoléon s'exprimait alors avec bienveillance pour le clergé, qui le saluait du titre de Restaurateur de la religion, et dont le chef venait de verser l'huile sainte sur son front; mais son langage varia depuis suivant les phases de brouillerie ou de réconciliation. Il avait ap-

pelé, dans un moment de faveur, deux évêques
à siéger dans le conseil. Leur présence dans le
conseil le gêna plus d'une fois quand il eut besoin d'exhaler son ressentiment contre leur
corps. Il demanda un jour, dans une discussion
sur les matières religieuses, si l'abbé Mannet était
là (le jour déja avancé ne permettait pas de voir
d'un bout de la salle à l'autre), et sur la réponse
négative, il se répandit en plaintes amères contre
le clergé, exprimant le regret de ne pouvoir
trancher la difficulté comme Henri VIII :

« Voyez, dit-il, l'insolence des prêtres,
qui, dans le partage de l'autorité avec ce
qu'ils appellent le pouvoir temporel, se ré-
servent l'action sur l'intelligence, sur la partie
noble de l'homme, et prétendent me réduire
à n'avoir d'action que sur les corps. Ils gardent l'ame et me jettent le cadavre. »

D'autres fois, il se louait des prêtres, et van-
tait leurs services, attribuant, en grande partie,
à leur influence le départ des conscrits et la
soumission des peuples.

On voit, dans le discours de Napoléon sur les
séminaires, qu'il répond aux objections qui lui
ont été faites sur le danger de donner trop d'extension à ces établissements. Le fait est que le
conseil d'état, composé alors, en majorité,

d'hommes de la révolution, n'abondait pas dans les idées de Napoléon sur le retour à toutes les anciennes institutions religieuses; aussi l'archi-chancelier Cambacérès, président du conseil, dit-il un jour à celui-ci, que l'empereur ne lui renverrait plus que rarement le travail de son ministre des cultes, parce que la manière de voir du conseil sur ces matières différait trop de celle du ministre et de la sienne.

Un projet de loi fut présenté à Napoléon pour faire cesser les disputes de juridiction entre le clergé et l'autorité civile relativement aux mariages et aux divorces. Il renonça à ce projet, et dit qu'il fallait se contenter des dispositions du code civil, de peur d'augmenter les querelles entre le pouvoir temporel et le spirituel ; il se plaignait souvent de l'impossibilité de déterminer la ligne imperceptible qui les sépare.

Le projet de décret sur les appels comme d'abus donna lieu à plusieurs rédactions. La première maintenait la juridiction du conseil d'état, telle qu'elle est établie par la loi du 18 germinal an X, la seconde la transportait aux cours impériales. Napoléon demanda un décret en un seul article, qui ferait juger tous ces cas par la cour impériale sans jurés. Le projet n'eut pas de suite.

Le clergé s'étant plaint qu'on avait manqué de

respect à ses cérémonies dans plusieurs occasions, soit en refusant de s'y associer, soit en les tournant en ridicule, un projet de décret fut présenté au conseil en 1806, dans le but d'assurer protection et respect aux cérémonies intérieures et extérieures des cultes.

Ce décret obligeait tout individu qui entrerait dans une église à se conformer aux pratiques et aux rites exigés des assistants, et dans le cas où il rencontrerait une cérémonie extérieure, il devait céder le pas au cortége, et se tenir debout et découvert. M. de Ségur, rapporteur du projet, en appuyait fortement les motifs. Deux rédactions furent présentées: la première maintenait la disposition de la loi de germinal qui interdisait les cérémonies extérieures là où plusieurs cultes étaient célébrés ; la deuxième n'en faisait plus mention. Napoléon, après qu'on eut longtemps discuté, finit par dire que tous les cultes vivaient en paix ; que le moins qu'on en pourrait parler serait le mieux ; qu'il fallait un réglement de police contre les libertins, et rien de plus ; et la chose resta là.

OPINION DE NAPOLÉON.

Séance du 4 février 1804.

« Il faut établir, aux frais de l'État, un

séminaire par arrondissement métropolitain ; je ne suis point touché de la crainte qu'on témoigne de voir ce premier pas nous ramener aux facultés de théologie et à une religion dominante : on a établi des séminaires protestants à Genève et à Strasbourg ; il en faut pour les catholiques. Je suis content des protestants, ils ne me demandent rien et me reconnaissent pour leur chef religieux ; je suis par-là dispensé de surveiller la doctrine enseignée dans leurs écoles ; leur population d'ailleurs n'est que de trois millions. Les écoles catholiques, au contraire, ont besoin de la surveillance du gouvernement, parce qu'elles ont pour chef un prince étranger ; il ne faut pas abandonner à l'ignorance et au fanatisme le soin de former les jeunes prêtres ; car on peut dire des prêtres ce qu'on a dit de la langue, que c'est la pire des choses ou la meilleure.

« Il faut se hâter d'organiser des séminaires publics, pour qu'il ne s'en forme pas de clandestins, tels que ceux qui existent déja dans les départements du Calvados, du Morbihan, et dans plusieurs autres.

« Les chefs du clergé catholique, c'est-à-dire

les évêques et les grands-vicaires, sont éclairés et attachés au gouvernement. Mais nous avons trois ou quatre mille curés ou vicaires, enfants de l'ignorance et dangereux par leur fanatisme et leurs passions ; il faut leur préparer des successeurs plus éclairés, en instituant, sous le nom de séminaires, des écoles spéciales qui seront dans la main de l'autorité ; on placera à leur tête des professeurs instruits, dévoués au gouvernement et amis de la tolérance ; ils ne se borneront pas à professer la théologie, mais ils y joindront une sorte de philosophie et une honnête mondanité. »

Séance du 11 février 1804.

« Je cherche en vain où placer les limites entre les autorités civile et religieuse ; l'existence de ces limites n'est qu'une chimère. J'ai beau regarder, je ne vois que des nuages, des obscurités, des difficultés. Le gouvernement civil condamne à mort un criminel ; le prêtre lui donne l'absolution et lui promet le paradis.

«On doit éviter de réveiller les anciennes prétentions des prêtres par ces discussions. Il suffit de statuer, à l'égard du mariage, que tout mariage fait par l'officier de l'état civil sera béni ensuite par un prêtre ; une loi n'est pas nécessaire pour cela, on s'exposerait à exciter des controverses. Ne pourrait-on pas même faire juger par le conseil d'état les questions relatives au divorce ? Ce n'est pas que les prêtres soient fort à craindre ; ils ont perdu, sans retour, leur empire, le jour où leur supériorité dans les sciences est passée à l'ordre civil.

« Mais c'est un corps qui a des intérêts à part ; l'autorité doit le ménager. Ce n'est que dans le christianisme que le pontificat s'est trouvé ainsi séparé du gouvernement civil : dans la république romaine, les sénateurs étaient les interprètes du ciel ; c'était le principal ressort de la puissance et de la solidité de ce gouvernement ; dans la Turquie et dans tout l'Orient, l'alcoran est en même temps loi civile et évangile religieux. »

Séance du 22 mai 1804.

« Il faut réduire autant que possible le nombre des curés inamovibles et multiplier les desservants qu'on peut changer à volonté; ceux-ci doivent être divisés en plusieurs classes; le maximum de leur traitement sera fixé à cinq cents francs en sus de leur pension; ce sera pour la France une dépense de quinze millions.

« On souffre, contre mes intentions, que des communautés religieuses se rétablissent. Je veux des évêques, des curés, des vicaires, et voilà tout. Je suis informé qu'à Beauvais et dans d'autres villes les jésuites ont formé des établissements sous le nom de *Pères de la foi.* Il ne faut pas le permettre. Le roi d'Espagne m'a déja fait remettre par son ambassadeur des notes officielles, dans lesquelles il se plaint de la liberté que nous laissons aux jésuites de se rétablir chez nous et des progrès qu'ils font journellement. Ce n'est pas seulement à l'autorité administrative qu'il appartient de réprimer cet abus, elle doit même prendre garde de ne pas trop se mêler des affaires du clergé et des prêtres; il faut faire agir les tribunaux, opposer robe à robe, esprit de corps à esprit de corps. Les juges sont, dans leur genre, une espèce de théologiens comme les prêtres; ils ont aussi leurs maximes, leurs règles, leur droit canon. On a toujours vu l'administration échouer dans ses luttes contre les prêtres; la monarchie n'a pu résister au clergé qu'en lui opposant les parlements.

« Je ne veux pas de religion dominante, ni qu'il s'en établisse de nouvelles; c'est assez des religions catholique, réformée, et luthérienne, reconnues par le concordat. »

Séance du 22 mai 1804.

«Mon intention est que la maison des Missions étrangères soit rétablie; ces religieux me seront très-utiles en Asie, en Afrique et en Amérique; je les enverrai prendre des renseignements sur l'état du pays. Leur robe les protége et sert à couvrir des desseins politiques et commerciaux. Leur supérieur ne résidera plus à Rome, mais à Paris. Le clergé est satisfait et approuve ce changement; je leur ferai un premier fonds de quinze mille francs de rente. On sait de quelle utilité ont été les lazaristes des Missions étrangères, comme agents secrets de diplomatie, en Chine, au Japon et dans toute l'Asie. Il y en a même en Afrique et dans la Syrie; ils coûtent peu, sont respectés des barbares, et n'étant revêtus d'aucun caractère officiel, ils ne peuvent compromettre le gouvernement, ni lui occasioner des avanies; le zèle religieux qui anime les prêtres leur fait entreprendre des travaux et braver des périls qui seraient au dessus des forces d'un agent civil.

« Les missionnaires pourront servir mes vues de colonisation en Égypte et sur les côtes d'Afrique. Je prévois que la France sera forcée de renoncer à ses colonies de l'Océan. Toutes celles d'Amérique deviendront, avant cinquante ans, le domaine des États-Unis; c'est cette considération qui a déterminé la cession de la Louisiane : il faut donc se ménager les moyens de former ailleurs de semblables établissements. Je veux aussi rétablir les sœurs de la charité, et que leur installation se fasse avec une grande solennité. Leur supérieure générale résidera à Paris; toute la corporation sera ainsi sous la main du gouvernement. Je les ai fait remettre déja en possession de leurs maisons. Je crois qu'il faudra

14

également, quoi qu'on en dise, rétablir les frères ignorantins. »

Séance du   octobre 1804.

« Le paradis est un lieu central où les ames de tous les hommes se rendent par des routes différentes; chaque secte a sa route particulière. »

Séance du 17 juillet 1806.

« Ce n'est pas le fanatisme qui est la maladie à craindre maintenant, mais l'athéisme.

« Je n'ai rien à redouter des prêtres catholiques ou non catholiques : je suis chef des ministres protestants, puisque je les nomme; je puis me regarder comme chef des ministres catholiques, puisque j'ai été sacré par le pape. »

CHAPITRE XX.

SUR LES JUIFS.

Une grande fermentation se manifesta en 1806, dans l'Alsace contre les juifs. Ils envahissaient, disait-on, toutes les professions de brocanteurs et de marchands; ils ruinaient les cultivateurs par l'usure et les expropriaient; ils seraient bientôt propriétaires de toute l'Alsace. On parlait dans les cabarets de les massacrer. Les négociants d'une classe élevée n'étaient pas exempts eux-mêmes de cette irritation. Le tribunal de commerce de Strasbourg se plaignait d'avoir eu à juger, de l'an IX à l'an XI, pour 800,000 fr. de créances en faveur des juifs. Telle était l'exaspération contre eux, qu'on pouvait craindre de voir se renouveler à leur égard les scènes de

14.

barbarie du moyen âge. Le ministre de la justice, entraîné par cette masse de plaintes, présenta un projet de décret pour interdire, pendant dix ans, aux juifs tout droit de prendre hypothèque, et pour accorder un sursis à leurs débiteurs. Ce projet, renvoyé aux sections de l'intérieur et de législation, donna lieu, de leur part, à un rapport dont la conclusion était qu'on ne pouvait faire une loi d'exception pour les juifs. Plusieurs membres, dans le conseil, appuyèrent cet avis. Ils firent observer qu'il y avait un grand nombre de juifs fort estimés à Gênes, à Marseille, à Bordeaux, en Hollande; que les torts imputés à ceux de l'Alsace ne tenaient point par conséquent à leur religion, mais à des circonstances locales qu'il fallait faire disparaître. Ces observations ne purent prévaloir contre un parti pris. Un décret fut rendu (30 mai 1806) qui prononça un sursis à l'exécution des jugements rendus en faveur des juifs à raison de créances contre des cultivateurs non négociants dans plusieurs départements. Napoléon avait lui-même de fortes préventions contre cette classe d'hommes. Elles percent dans le discours que nous rapportons. Il les avait puisées aux armées, à la suite desquelles marchaient trop souvent des juifs avides de gain, et prêts à trafiquer de tout. Il voulut cependant les entendre et convoqua un grand sanhédrin, sorte d'états-généraux des juifs, qui siégea long-temps à Paris, et adopta un réglement de police pour ses co-réligionnaires (17 mars 1808), auquel l'empereur donna sa sanction. Le sursis à l'exécution des jugements rendus contre leurs débiteurs fut levé. Les juifs rentrèrent dans le bénéfice de la loi commune.

OPINION DE NAPOLÉON.

Séance du 30 avril 1806.

« La législation est un bouclier que le gouvernement doit porter partout où la prospérité publique est attaquée. Le gouvernement français ne peut voir avec indifférence une nation avilie, dégradée, capable de toutes les bassesses, posséder exclusivement les deux beaux départements de l'ancienne Alsace ; il faut considérer les juifs comme nation et non comme secte. C'est une nation dans la nation ; je voudrais leur ôter, au moins pendant un temps déterminé, le droit de prendre des hypothèques, car il est trop humiliant pour la nation française de se trouver à la merci de la nation la plus vile. Des villages entiers ont été expropriés par les juifs ; ils ont remplacé la féodalité; ce sont de véritables nuées de corbeaux. On en voyait aux combats d'Ulm qui étaient accourus de Strasbourg pour acheter des maraudeurs ce qu'ils avaient pillé.

« Il faut prévenir, par des mesures légales, l'arbitraire dont on se verrait obligé d'user envers les juifs, ils risqueraient d'être massacrés un jour par les chrétiens d'Alsace, comme ils l'ont été si souvent, et presque toujours par leur faute.

« Les juifs ne sont pas dans la même catégorie que les protestants et les catholiques. Il faut les juger d'après le droit politique, et non d'après le droit civil, puisqu'ils ne sont pas citoyens.

« Il serait dangereux de laisser tomber les clefs de la France, Strasbourg et l'Alsace, entre les mains d'une population d'espions qui ne sont point attachés au pays. Les juifs autrefois ne pouvaient pas même coucher à Strasbourg; il conviendrait peut-être de statuer aujourd'hui qu'il ne pourra pas y avoir plus de cinquante mille juifs dans le haut et le bas Rhin; l'excédant de cette population se répandrait à son gré dans le reste de la France.

« On pourrait aussi leur interdire le commerce, en se fondant sur ce qu'ils le souillent
par l'usure, et annuler leurs transactions
passées comme entachées de fraude.

« Les chrétiens d'Alsace et le préfet de
Strasbourg m'ont porté beaucoup de plaintes
contre les juifs lors de mon passage dans
cette ville. »

Séance du 7 mai 1806.

« On me propose d'expulser les juifs ambulants qui ne justifieront pas du titre de citoyens
français, et d'inviter les tribunaux à employer
contre l'usure leur pouvoir discrétionnaire;
mais ces moyens seraient insuffisants. La
nation juive est constituée, depuis Moïse,
usurière et oppressive; il n'en est pas ainsi des
chrétiens : les usuriers font exception parmi
eux et sont mal notés. Ce n'est donc pas avec
des lois de métaphysique qu'on régénérera
les juifs; il faut ici des lois simples, des lois
d'exception; on ne peut rien me proposer
de pis que de chasser un grand nombre d'individus qui sont hommes comme les autres;
la législation peut devenir tyrannique par

métaphysique comme par arbitraire. Les juges n'ont point de pouvoir discrétionnaire; ce sont des machines physiques au moyen desquelles les lois sont exécutées comme l'heure est marquée par l'aiguille d'une montre : il y aurait de la faiblesse à chasser les juifs; il y aura de la force à les corriger. On doit interdire le commerce aux juifs, parce qu'ils en abusent, comme on interdit à un orfèvre son état lorsqu'il fait du faux or. La métaphysique a égaré le rapporteur au point de lui faire préférer une mesure violente de déportation à un remède plus efficace et plus doux. Cette loi demande à être mûrie; il faut assembler les états-généraux des juifs, c'est-à-dire en mander à Paris cinquante ou soixante, et les entendre; je veux qu'il y ait une synagogue générale des juifs à Paris, le 15 juin. Je suis loin de vouloir rien faire contre ma gloire et qui puisse être désapprouvé par la postérité, comme on me le fait entendre dans le rapport. Tout mon conseil réuni ne pourrait me faire adopter une chose qui eût ce caractère; mais je ne veux pas qu'on sacrifie à un principe de métaphysique et d'égoïsme le bien des provinces. Je fais remarquer de nouveau qu'on ne se plaint point des protestants ni des catholiques comme on se plaint des juifs ; c'est que le mal que font les juifs ne vient pas des individus, mais de la constitution même de ce peuple : ce sont des chenilles, des sauterelles qui ravagent la France.

« Il faut fixer l'intérêt légal comme en Angleterre ; ce sera une règle pour l'honnête homme. Le tribunal de commerce de Paris vient de faire une chose scandaleuse, en accordant à M. Seguin quatre millions d'intérêt, sur le pied de quarante-deux pour cent. Les économistes ont fait de l'homme une brute en soutenant que sa conscience ne pouvait être affectée par la déclaration d'un intérêt légal.

« Le revenu des terres doit être la mesure de l'intérêt légal ; l'Angleterre est, à cet égard, dans un système illusoire. Je voudrais qu'on appliquât aux prêts à intérêt le principe de la *lésion d'outre moitié*, et qu'on examinât s'il ne convient pas de fixer le taux de l'intérêt légal, entre particuliers, à cinq pour cent, et entre commerçants, à six pour cent. »

Séance du 21 mai 1806.

« Le projet sur les juifs est trop long et la rédaction doit en être changée ; on ne me fait pas parler le langage qui me convient ; le souverain ne doit pas faire mention dans ses actes de ce que le public pense ou ne pense pas, ni lui prêter, sur le gouvernement, telle ou telle opinion, car les lecteurs prendraient toujours le contre-pied. Si je dis, dans le préambule du décret, qu'aucune religion ne craint de ma part une persécution, beaucoup de lecteurs en concluront, avec raison, que les esprits ne sont pas très-rassurés à cet égard. On doit avoir la ferme volonté de ne point persécuter, et laisser ensuite parler le public comme il lui plaît ; j'ai là dessus des idées arrêtées dont on ne me fera point revenir. Je me charge de corriger moi-même la rédaction. »

CHAPITRE XXI.

SUR LES SÉPULTURES.

Napoléon, en arrivant au pouvoir, trouva la police des sépultures dans un grand désordre. On n'enterrait plus dans les églises, mais les cimetières étaient dans l'intérieur des villes, leur entretien était négligé, les inhumations se faisaient sans aucune cérémonie, ou donnaient lieu, de la part des entrepreneurs, à des exigences ruineuses pour les familles. Le ministre de l'intérieur proposa, en 1803, un projet de décret. Ce projet fut renvoyé à la section de l'intérieur du conseil d'état, et M. de Ségur, membre de cette section, fut chargé d'en faire le rapport au conseil. Il le fit avec cette élégance de style dont se piquent les gens de lettres, et dans l'esprit qui dominait alors, celui du retour aux idées religieuses. La partie la plus délicate du projet était celle qui statuait sur les refus d'inhumation. Le ministre proposait d'interdire aux prêtres tout refus de sépulture envers un individu mort dans la religion catholique. M. Portalis, chargé de la direction des cultes, représentait, au contraire, le danger de vouloir forcer la conscience du prêtre, et demandait qu'on s'abstînt de toute injonction. La section, loin d'accueillir l'observation de M. Portalis, allait plus loin que le ministre; elle faisait disparaître toute distinction de catholique ou de non catholique, et obligeait les prêtres à enterrer les morts toutes les fois qu'ils en étaient requis par les familles. Napoléon recula devant les difficultés de la question, et le projet n'eut pas de suite.

On remit, l'année suivante, cette matière en discussion, et cette fois un décret fut rendu (12 juin 1804), qui statua que, sur le refus du prêtre, l'autorité civile pourvoirait à l'inhumation. Le décret avait moins pour objet de statuer sur cette question, que de régler les frais de sépulture, et de garantir la santé publique. Il attribua le produit des sépultures aux fabriques, et les autorisa à en affermer la perception. Mais les fabriques abusèrent de ce privilége en autorisant les entrepreneurs à exiger des prix très-élevés. On mit sous les yeux de Napoléon des mémoires de frais d'inhumation qui avaient ruiné les familles. On se plaignait surtout des prix exigés par le clergé de Paris. Ils excédaient d'un tiers le tarif fixé par l'archevêque, et étaient trois fois plus élevés qu'en 1790. Un projet de décret fut présenté à ce sujet. C'est à cette occasion que Napoléon prononça le discours que nous rapportons ci-après. Le projet resta dans les cartons. Napoléon avait alors ses raisons pour ne pas entrer en lutte avec le clergé. Il dit qu'il suffisait que le ministre des cultes écrivît aux évêques pour leur signaler ces extorsions; ce ne fut que plusieurs années après, en 1811, qu'un nouveau décret fut rendu pour apporter les changements nécessaires au tarif des inhumations.

OPINION DE NAPOLÉON.

Séance du 4 mars 1806.

« Je lis dans le rapport sur les enterrements qu'il meurt à Paris, année commune, quatorze mille personnes : c'est une belle bataille. On compte dans ce nombre beaucoup d'enfants abandonnés ; mais parmi les autres décès il y en a à peine trois mille pour lesquels la pompe des cérémonies religieuses soit demandée, parce qu'elle est d'un prix très-élevé; et les familles qui la demandent sont souvent jetées dans une dépense qui excède leurs moyens : cette dépense est, dit-on, facultative, puisque l'inhumation n'entraîne aucuns frais lorsqu'elle se fait sans cérémonie; mais combien n'y a-t-il pas de familles peu aisées qui sont jalouses cependant de faire inhumer le parent qu'elles ont perdu, avec un peu plus de cérémonie qu'on n'en observe pour le petit peuple? Il faut respecter et conserver précieusement cette espèce de point d'honneur; on devrait faire en sorte que cette classe obtînt pour six francs une inhumation modeste mais décente. Nous n'avons pas le droit de mettre un impôt sur la mort : les prêtres coûtent à l'État trente millions; ils n'ont plus de prétexte pour justifier leurs exactions. Tout, dans le culte, doit être gratuit et pour le peuple ; l'obligation de payer à la porte ou de payer les chaises est une chose révoltante; on ne doit pas priver les pauvres, parce qu'ils sont pauvres, de ce qui les console de leur pauvreté.

« Je n'ai pas voulu permettre qu'on donnât des billets d'entrée pour ma chapelle ; j'ai voulu que les places fussent au premier occupant.

« Au Caire et dans le désert les mosquées sont en même temps des auberges ; six mille personnes y sont quelquefois abritées et nourries, elles y trouvent même une fontaine et de l'eau pour se baigner ; de là vient notre cérémonie du baptême ; elle n'a pu prendre naissance dans nos climats, l'eau n'y est point assez précieuse ; nous en avons cette année par-dessus la tête. Les Égyptiens à défaut d'eau font des baptêmes de sable. Quant à moi, je ne vois pas dans la religion le mystère de l'incarnation, mais le mystère de l'ordre social ; elle rattache au ciel une idée d'égalité qui empêche que le riche ne soit massacré par le pauvre. La religion est encore une sorte d'inoculation ou de vaccine qui, en satisfaisant notre amour du merveilleux, nous garantit des charlatans et des sorciers : les prêtres valent mieux que les Cagliostro, les Kant et tous les rêveurs de l'Allemagne.

« Je ne prétends pas que les cérémonies des enterrements soient entièrement gratuites pour la classe peu aisée; car l'amour-propre ferait que personne n'oserait demander cette faveur; mais il faut que ceux qui ont ce genre de vanité puissent le satisfaire à bon marché. Je désire aussi qu'on embellisse les cimetières par des chapelles et par les autres ornements d'usage. »

CHAPITRE XXII.

SUR LA CONSCRIPTION MILITAIRE ET L'HABILLEMENT DES TROUPES.

CONSCRIPTION. La conscription militaire n'a pas été créée par Napoléon; son nom fut prononcé, pour la première fois, sous le gouvernement directorial, par la loi du 19 fructidor an VI. Mais l'usage immodéré qu'il en a fait lui a donné rang d'inventeur, et le souvenir de Napoléon est à jamais associé à celui de cette moisson annuelle de jeunes gens arrachés à leur famille pour être envoyés à la mort.

La conscription, en elle-même, était une institution légitime. Rien de plus légitime que d'exiger de tous les citoyens un certain temps de service pour la défense du pays; l'abus seul fut répréhensible. Le temps de service ne fut pas déterminé. Il ne put l'être, parce qu'un état de guerre perpétuel ne permettait pas de libérer les soldats en présence de l'ennemi. On était ainsi, par le fait, exilé de ses foyers pour la vie, et cet exil avait un caractère de perpétuité désolant. Là était le mal, et là il serait encore si on recommençait une semblable série de guerres; car, qui peut douter que les soldats ne fussent retenus indéfiniment sous les drapeaux, malgré la législation nouvelle qui a assigné un terme à leur service?

Ce sacrifice entier de l'existence était d'autant plus pénible sous Napoléon, qu'il s'appliquait à un plus grand nombre d'hommes : on ne pouvait se contenter, comme aujourd'hui, du quart ou du cinquième des jeunes gens de vingt ans et libérer le reste. Il fallait prendre la totalité de la classe pour remplir les vides de l'armée, et c'est encore ce qui arriverait si nous avions à soutenir de semblables guerres.

L'empereur n'ignorait pas à quel point la conscription était devenue odieuse à la population, et combien elle lui aliénait les cœurs. Il s'exprimait à cet égard, dès 1804, avec franchise. Un projet lui fut présenté, à cette époque, pour forcer les réfractaires à se rendre sous leurs drapeaux. Ce projet renouvelait la défense faite précédemment à tout chef d'administration d'admettre aucun employé qu'il ne justifiât d'avoir satisfait à la conscription. Il allait jusqu'à déclarer que toute commune recélant un déserteur ou un réfractaire, qu'elle ne livrerait point, fournirait, l'année suivante, un homme de plus pour l'armée. Il fallait une pénalité plus sévère à mesure que l'impôt devenait plus lourd, pour vaincre une plus grande résistance. Napoléon en fut frappé ; et, on l'a entendu dire, en plein conseil d'état, «qu'il sentait bien qu'on ferait quelque jour une révolution contre lui avec un drapeau sur lequel serait écrit : «*Plus de conscription, plus de droits réunis!*» Son pressentiment a été fidèlement accompli. C'est avec ces mots inscrits sur son drapeau que la restauration s'est présentée en 1814.

On s'étonnera qu'avec un tel sentiment du péril, Napoléon n'ait pas abandonné le système politique qui, en perpétuant la guerre, rendait les rigueurs de la conscription inévitables, et qu'il ait couru sciemment à sa perte. C'est que l'homme obéit à son caractère plus qu'aux lumières de son esprit.

Napoléon, dès 1804, se plaignait beaucoup des remplaçants, surtout de ceux des villes, qui désertaient, disait-il, même en pays étranger. On avait été obligé de réformer 10,000 remplaçants dans une seule année. La proportion des remplaçants, dans l'armée, était alors d'un dixième. On comptait, dans les villes, un remplaçant sur sept conscrits, et dans les campagnes, un sur quinze seulement.

Habillement. On discutait rarement dans le conseil les réglements relatifs à l'armement, à l'équipement et aux autres parties du service de l'armée. C'étaient des détails trop familiers à l'empereur pour qu'il eût besoin de les faire discuter par le conseil d'état; il les réglait avec son ministre, ou dans un conseil d'administration tout composé d'hommes spéciaux. Il convoquait quelquefois des conseils semblables pour les diverses branches d'administration, surtout pour les ponts et chaussées.

Cependant un projet fut discuté, en 1806, sur l'habillement des troupes, et sa discussion donna lieu de la part de l'empereur au discours que nous rapportons. On y voit que Napoléon ne se flattait pas de pouvoir mettre jamais son armée sur le pied de paix. *Il ne sait pus*, dit-il, *où elle sera dans trois mois.* La paix régnait cependant alors sur le continent; mais bientôt après commença la campagne d'Iéna.

OPINION DE NAPOLÉON.

Séance du 29 mai 1804.

« La conscription est la loi la plus affreuse et la plus détestable pour les familles ; mais elle fait la sûreté de l'État. »

Séance du 15 mars 1806.

« Il y aurait une grande économie à habiller les troupes en blanc. On dit avec raison que le bleu n'a pas mal réussi jusqu'à présent aux armées françaises ; mais je ne pense pas que leur force soit dans la couleur de leur habit, comme celle de Samson était dans ses cheveux. (*On rit.*)

« Ce que je blâme dans le nouveau projet sur le service de l'habillement, c'est que le rédacteur suppose que mes troupes seront stationnaires, tandis que je veux qu'elles soient essentiellement mobiles, et qu'elles puissent se transporter subitement de l'est à l'ouest, du nord au midi, selon les projets de ma politique; je ne sais, par exemple, où elles seront dans trois mois.

« La France ne fabrique pas maintenant assez de draps pour la consommation de mes armées ; celui qu'elles consomment est très-bien payé, car les corps sont très-riches ; ils ont un demi-habillement ou un habillement entier par avance ; la caisse des corps n'est point embarrassée d'avancer deux mois de solde quand le trésor public met quelque retard à l'acquitter. »

CHAPITRE XXIII.

SUR LES FINANCES ET LES IMPÔTS.

L'ADMINISTRATION des finances est la partie où la vigilance de Napoléon et son esprit d'ordre ont le mieux éclaté. On n'a su, sous son gouvernement, ce que c'était que déficit et emprunt. Il a pourvu à tous les besoins avec les impôts ordinaires ou avec les contributions levées sur les pays conquis. La guerre a nourri la guerre. Il n'avait garde de faire dépendre de la bonne volonté des capitalistes et des banquiers le succès de ses entreprises, en entrant dans la voie des emprunts. On ne lui eût prêté d'ailleurs qu'à des conditions très-onéreuses, car le vice du système des emprunts est que les gouvernements trouvent des prêteurs en temps de paix, quand ils ne devraient pas emprunter, et n'en trouvent pas en temps de guerre, quand les emprunts seraient légitimes.

Napoléon avait divisé, comme on sait, l'administration des finances entre deux ministres, l'un chargé de l'assiette et du recouvrement des impôts, sous le nom de ministre des finances; l'autre, chargé du mouvement des fonds et des dépenses, sous le nom de ministre du trésor : chacun d'eux publia, à dater de l'an viii, un compte annuel de ses opérations. L'état des besoins de l'année suivante était, d'après ces comptes, facilement dressé. On le soumettait au conseil d'état, dont les commissaires le portaient au corps législatif.

On voit, par le discours de Napoléon que nous rapportons, que les dépenses pour 1803 étaient évaluées à 700 millions et qu'il s'en fallait de près de 200 millions que les recettes ordinaires pussent y suffire. Il avait de quoi couvrir cette fois la différence avec les contributions des pays conquis. Il occupait alors l'Italie. Mais là prévoyance voulait qu'il se préparât d'autres ressources pour l'avenir. Il entra dans un système de contributions indirectes qui fit la prospérité de ses finances et lui assura des recettes proportionnées à ses besoins.

Son système fut de charger le moins possible la propriété foncière en temps de paix, pour pou_ voir lui demander, en temps de guerre, tout ce dont il aurait besoin, parce qu'elle est alors la seule ressource du pays, et de profiter de l'activité que la paix imprime aux consommations pour leur demander des contributions indirectes qu'elles ne peuvent plus fournir en temps de guerre.

Il organisa successivement depuis 1804, sous le nom de droits réunis, l'impôt sur les boissons, celui sur les tabacs, celui sur le sel. Il donna pour passe-port à ce dernier l'abolition des barrières sur les routes, qui produisaient moins et étaient plus vexatoires. Il fournit aux villes le moyen de pourvoir à leurs dépenses par des octrois qui eurent le nom d'*octroi de bienfaisance*, pour que nul n'osât murmurer, parce qu'une partie, en effet, de leur produit était destinée aux hospices. Il dégreva l'Etat d'une partie de l'entretien des routes, en distinguant les routes royales et les routes départementales, et mettant celles-ci à la charge des départements. Il ne connut enfin l'embarras des finances qu'à l'époque où, rejeté par ses revers dans les anciennes frontières de la France, il se trouva obligé, avec ses seules ressources, et avec un matériel de guerre ruiné, de faire tête à toutes les armées de l'Europe. Son budget, qui n'avait jamais excédé 6 ou 700 millions, fut porté, pour 1814, à 1,076,800,000 fr., et il faisait face encore à cette énorme dépense sans emprunt.

Napoléon disait souvent que toutes les puissances lui enviaient son système d'impôts, qui consistait à en avoir un grand nombre dont le taux s'élevait ou s'abaissait, suivant les besoins, au moyen des centimes additionnels, comme la liqueur s'élève ou s'abaisse dans le thermomètre, en sorte qu'il pouvait se suffire, quels que fussent ses besoins, sans recourir à un nouvel impôt, dont l'établissement est toujours si difficile.

Il rechercha avec un soin particulier le meilleur système à employer pour l'impôt sur les boissons. De longues discussions eurent lieu, à ce sujet, en sa présence, devant le conseil d'état. On adopta d'abord le régime des inventaires, puis celui des exercices. Il n'ignorait pas combien cet impôt était impopulaire, mais il disait, comme pour la conscription, que la sûreté de la France était à ce prix, qu'on ne pouvait, sans cela, entretenir un état militaire suffisant, et qu'il valait mieux se payer à soi-même des contributions pour n'être pas conquis, que de les payer à l'ennemi pour se racheter de la conquête.

OPINION DE NAPOLÉON.

Séance du 15 décembre 1803.

« Il faut établir un centre autour duquel viendront se ranger toutes les contributions indirectes, une machine qui en sera comme le noyau. Le budget de 1803 présentera sept cents millions de dépenses. Il y sera pourvu, cette fois, moyennant cent ou deux cents millions de subsides étrangers ; mais on ne peut compter d'avoir toujours cette ressource ; il faut penser à l'avenir et préparer un bon système de contributions. La sagesse veut de la prévoyance. Il faut à la France une armée de quatre cent mille hommes. Elle a besoin de cent ou deux cents millions pour sa marine ; sans marine, on reste exposé à toute sorte d'insultes. »

Séance du 12 janvier 1804.

« Il faut que le budget de 1804 réduise l'impôt foncier de dix millions ; on dégrèvera d'autant les départements les plus chargés pour établir entre eux plus d'égalité ; rien n'empêchera, ensuite , si on a de grands besoins, qu'on n'établisse sur toute la France vingt-cinq ou cinquante centimes additionnels ; mais il faudra prendre garde de ne pas épuiser cette ressource ; c'est le trésor de la France pour les circonstances extraordinaires ; mieux vaut le laisser si l'on peut entre les mains des citoyens que de le mettre dans une cave, comme fait la Prusse. Cette réduction de dix millions sur l'impôt foncier servira de passe-port au nouveau droit sur les boissons.

« Il faut savoir donner pour prendre.

« J'espère que l'avenir nous sera toujours favorable; la position de la France est très-bonne, mais il ne faut pas s'endormir là-dessus. »

Séance du 20 février 1806.

« Mon système de finances consisterait à établir un grand nombre de contributions indirectes, dont le tarif très - modéré serait susceptible d'être augmenté à mesure des besoins.

« Six cent cinquante millions me suffisent

en ce moment; mais je veux avoir la faculté d'augmenter subitement ce revenu de cent millions, en cas de guerre.

« J'ai d'ailleurs des ressources que n'auront pas mes successeurs, et il faut penser à eux. La France, obligée d'être en même temps puissance maritime et puissance continentale, aura toujours de grands besoins d'argent; elle est en butte à la jalousie de l'Europe depuis Henri IV.

« L'état de la nation européenne n'est pas tel qu'il le faudrait pour le bonheur des hommes; mais la partie occidentale est obligée de s'accommoder à cet état de choses.

« L'empire romain, sous Auguste, n'avait pas le quart des soldats que la France est obligée d'entretenir. Je veux faire le bien de mon peuple, et je ne serai point arrêté par les murmures des contribuables; je vis pour la postérité; il faut à la France de grandes contributions; elles seront établies.

« Je veux fonder et préparer pour mes successeurs des ressources sûres, qui puissent leur tenir lieu des moyens extraordinaires que j'ai su me créer.

« Je n'ai qu'à me féliciter du bon état de

mes troupes; mes enfants sont revenus de la dernière campagne plus forts et mieux portants qu'ils n'avaient jamais été; à quoi faut-il l'attribuer, si ce n'est à ce que les soldats sont bien nourris et bien payés, chose d'autant plus nécessaire que l'armée est composée de jeunes gens bien nés? Aussi les conscrits ne désertent-ils qu'en route, et jamais quand ils sont une fois arrivés au corps. »

Séance du 4 mars 1806.

« Le droit d'entrée sur les denrées coloniales peut être augmenté sans inconvénient: on objecte que si le café devient trop cher, on prendra l'habitude de consommer de la poudre de chicorée, et qu'à la paix cette habitude nuira à la consommation du café de nos colonies. Je ne suis pas touché de cette crainte; il y aura toujours assez de consommateurs pour les denrées de nos colonies dans tous les pays sur lesquels pourra s'étendre le grand empire, d'autant que, quarante-huit heures après la paix avec l'Angleterre, je proscrirai les denrées étrangères et promulguerai un acte de navigation qui ne permettra l'entrée de nos ports qu'aux bâtiments français, construits avec du bois français, montés par un équipage aux deux tiers français. Le charbon même et les milords anglais ne pourront aborder que sous pavillon français. On criera beaucoup, parce que le commerce, en France, a un mauvais esprit, mais six ans après on sera dans la plus grande prospérité. »

Séance du 8 mars 1806.

« Je ne m'oppose pas à la taxe que la ville de Paris veut percevoir à son profit sur ses factrices de la halle au beurre et aux œufs ; mais pour empêcher les murmures, il faut affecter le produit de cette taxe aux hôpitaux ; la ville réduira d'autant la somme qu'elle leur paie. J'approuve également les droits sur les journaux ; le fameux adage : Laisser faire, laisser passer, serait dangereux pris d'une manière absolue ; il faut pratiquer cette maxime avec mesure et discernement. »

Séance du 13 mars 1806.

« Il faut soumettre les donations aux mêmes

droits que les ventes, parce qu'il serait impossible de constater juridiquement les fraudes.
Il faut aussi, dans la loi sur les boissons, définir ce qu'on entend par vente en détail, en
ajoutant à *pot* ou à *pinte*; ces mots peuvent
très-bien entrer dans une loi sur les aides, qui
n'est pas un poëme épique. » (*On rit.*)

Séance du 18 mars 1806.

« Le droit d'un sou pour livre qu'on propose d'établir sur le sel n'est pas suffisant; il
faut porter tout de suite ce droit au taux
nécessaire pour n'être pas obligé d'y revenir,
et de donner à ce commerce une nouvelle se-
cousse.

« On pourrait établir des entrepôts réels
de sel dans tous les centres de consommation,
en se réglant sur la géographie nautique de
la France; ce système fera craindre, dit-on,
le retour de la gabelle; je ne sais qu'y faire;
on ne guérit personne de la peur. »

Séance du 25 mars 1806.

« Avant de supprimer définitivement le

droit de passe aux barrières, qui donne seize millions net pour les ponts et chaussées, il faudrait éprouver ce que produira le droit sur le sel qui doit le remplacer.

« Ce droit, fixé à deux sous par livre, produirait, dit-on, quarante millions; s'il en était ainsi, on pourrait abandonner trente millions aux ponts et chaussées, il faudrait que cette portion du produit fût versée directement par les receveurs dans la caisse de cette administration au lieu de l'être au trésor public.

« Rien n'empêcherait d'augmenter le droit sur le sel en temps de guerre, surtout dans le cas de la perte d'une bataille; la nation a de l'énergie; elle aimerait mieux payer cet impôt chez elle que de risquer de le payer aux Russes ou aux Autrichiens.

« On pourra dire dans le préambule de la loi qui établira ce droit de deux sous par livre sur le sel, que c'est à cause de la guerre, qu'en temps de paix le taux ordinaire sera de six liards. Six cents millions de revenu doivent suffire à la France en temps de paix.

« Si la suppression du droit de passe est un passe-port nécessaire pour faire admettre le droit des aides et le droit sur le sel, il faut s'y résigner; le fait est qu'on a toujours crié contre ce droit de passe. Le tribunat et le corps législatif ont été d'accord pour en demander la suppression. »

Séance du 2 avril 1806.

« Je tiens à laisser le sel en régie dans le Piémont ; je conserverai pour cela une ligne de douanes sur les Alpes, et je saurai, par ce petit nombre de postes, tout ce qui se passera. Mais je ne suis pas content de cette régie; elle ne donne pas signe de vie ; on n'entend pas le versement de ses écus dans le trésor public; les régisseurs volent; il a été donné de l'argent dans ce marché; je passerai un de ces jours dans le Piémont, et je ferai mettre les régisseurs dans la citadelle, ou bien j'enverrai sur les lieux un conseiller d'état, qui y demeurera jusqu'à ce que le service soit en meilleur train. Les affaires du royaume d'Italie sont beaucoup mieux conduites , parce que je les règle d'ici , comme celles de la France.

« Si la guerre cesse l'année prochaine ,

comme cela est possible, on pourra retrancher du budget les dix centimes de guerre et porter à trois centimes, au lieu d'un centime et demi, la somme allouée pour le cadastre ; mais il ne faut pas charger l'âne de tous côtés ; l'opération du cadastre doit se faire lentement ; il n'y a pas de compte imprimé qui fasse voir clairement quel résultat ont produit les dix millions qui y ont été employés et ce qu'on peut espérer de ce travail ; il faut en parler plus souvent et en délibérer au conseil d'état, au moins une fois chaque mois ; on dit que le cadastre n'est achevé que pour six mille communes, et qu'il faudra dix ans pour en voir la fin.

« Je désire qu'on s'occupe aussi des receveurs généraux ; ils gagnent beaucoup trop : celui de l'Aisne, par exemple, gagne plus de cent mille francs par an, c'est scandaleux ; la moitié des receveurs généraux gagne cela, l'autre moitié gagne quarante à cinquante mille francs au moins ; c'est ainsi qu'on leur fournit le moyen de faire des affaires et de faire banqueroute ; il faut les obliger à payer dans un délai de douze ou quinze mois. »

16.

Séance du 7 avril 1806.

« Le royaume d'Italie me produit cent millions d'impositions. La régie du tabac entre dans ce produit pour seize millions, qui seraient perdus si on permettait la culture de cette plante dans ce royaume, parce qu'on ne pourrait empêcher la fraude.

« La régie des sels produisait à Gênes huit cent mille francs, mais dans ce produit était comprise la vente que faisait cette régie du droit de contrebande avec la France, elle appelait cela : *Droit de commerce étranger.*

« Il n'est pas besoin d'une loi pour prohiber la culture du tabac dans les départements au-delà des Alpes ; un décret suffira, puisque c'est une conséquence nécessaire de la loi qui établit le monopole dans ces départements ; on objecte que cette loi donne droit seulement d'établir le monopole du sel ; mais n'importe, je ne veux pas avoir l'air de présenter une loi pour le rétablissement des gabelles : ce n'est pas que je craignisse de les rétablir si je croyais la chose utile à la nation ; je le ferais alors ouvertement. Je suis

quelquefois renard, mais je sais être lion ;
je ne m'inquiète pas des mécontents, je les
laisse crier ; mais je ne veux pas qu'on calom-
nie mes intentions ; on a dit faussement dans
plusieurs coteries que les gabelles vont être
rétablies ; on l'a dit chez le ministre de la police devant des législateurs et des conseillers
d'état ; plusieurs conseillers d'état ont même
paru partager cette opinion, c'est une inconve-
nance. Je pense qu'il ne faut exempter du
paiement du droit sur le sel que les bâtiments pris ou perdus en mer ; le droit qu'on
exigerait d'eux serait supporté par le peuple,
car les assurances augmenteraient, et avec
elles le prix du sel ; long-temps encore les
côtes de France seront infestées de corsaires
anglais ; cette guerre dure depuis plusieurs
siècles. Elle durera plusieurs siècles encore,
à moins que nous n'ayons le bonheur d'a-
baisser l'Angleterre, autrement nous serons
de fait en guerre alors même que nous aurons
fait la paix. »

Séance du 16 avril 1806.

« Le préfet de Paris et le conseil général

s'étaient plaints que la comptabilité des facteurs et des factrices aux halles et à la marée était en mauvais ordre; j'ai ordonné une enquête dont le résultat a été que ces plaintes sont injustes. Je pense donc qu'il ne faut rien changer à cette comptabilité; je ne veux pas qu'on fasse payer le loyer de leurs places aux vendeuses, puisqu'elles sont en possession de ne rien payer; il faut éviter d'étendre l'esprit de fiscalité jusque sur cette classe malheureuse; on doit avoir la place publique et l'eau pour rien. C'est bien assez de faire payer le vin et le sel; il ne faut pas empirer la situation d'une classe peu fortunée pour cinquante malheureux petits écus que pourrait produire la location de ces places.

« La ville de Paris ferait mieux de s'occuper du rétablissement de la halle aux blés; j'ordonnerai par un décret que cette halle soit rétablie avant le premier janvier 1807. Si la ville n'a pas de fonds, on lui en donnera. »

Séance du 23 avril 1806.

« On me propose d'établir à Genève un

bureau de garantie de l'or et de l'argent ; cette ville s'y oppose. Je ne puis prononcer sans savoir si c'est une mesure fiscale ou un réglement de commerce qu'on propose. En tout cas, il n'y a pas de raison pour accorder à Genève aucun privilége, si ce n'est celui de conserver ses établissements particuliers d'instruction publique.

« Genève fait partie de l'empire. L'autorité suprême est une et indivisible.

« Il faut examiner si l'on ne devrait pas autoriser pour l'or et l'argent plusieurs titres, afin de mettre les objets de bijouterie à la portée des différentes classes.

« On doit vérifier aussi jusqu'à quel point l'industrie de Genève peut demander un réglement particulier ; on prétend que cette ville exporte, chaque année, quinze mille montres, qu'il n'y en a pas plus de cinq cents pour la France, que le reste va en Angleterre et passe pour être de fabrique anglaise ; qu'il ne faut assujettir par conséquent celles-ci à aucune marque.

« Je désire qu'on me présente d'aujourd'hui en huit, un travail complet sur tout cela. »

CHAPITRE XXIV.

SUR LA BANQUE DE FRANCE.

L'INSTITUTION de la banque de France est due à Napoléon. On avait à Paris plusieurs établissements de crédit dans une situation plus ou moins embarrassée : la caisse d'escompte, la caisse Jabac, la factorerie de commerce, etc. Tous ces établissements furent réunis par la loi du 24 germinal an XI dans un seul appelé Banque de France, dont le capital fut composé de 45,000 actions de 1,000 fr. chacune. L'intérêt de l'argent était alors de trois pour cent par mois. On se proposait de le faire baisser, et d'avoir surtout un établissement qui prît le papier du gouvernement et facilitât ses opérations.

La banque ne tarda pas à être en querelle avec Napoléon, qui croyait pouvoir imposer, dans les matières de crédit comme dans les autres, ses volontés absolues. Il adressa, en l'an XII (1804), à une députation de la banque de vifs reproches de ce qu'il y avait dans son sein un parti d'opposition qui empêchait qu'on n'escomptât les obligations des receveurs généraux, et qu'on ne donnât au commerce les facilités nécessaires. Le fait est que la banque avait déja pour 25 à 30 millions d'obligations du gouvernement, et que les prétendus effets de commerce, pour lesquels elle s'était rendue difficile, étaient ceux d'Hervas, de Michel, et autres fournisseurs, dont le papier n'était encore que du papier du gouvernement. La banque avait pour 75 millions de billets en circulation, et devait se tenir en mesure de les acquitter à bureau ouvert. Napoléon aurait voulu qu'elle en émît pour 100 et 150 millions, au risque de ne pouvoir satisfaire les porteurs.

La crise de 1805 prouva que la banque n'avait pas eu tort d'observer les règles de la prudence, puisqu'elle fut exposée, malgré cela, et le gouvernement avec elle, aux plus graves embarras. A peine Napoléon était-il parti pour la campagne d'Austerlitz (24 septembre 1805), que le bruit se répandit qu'il avait pris l'argent de la banque pour les besoins de la guerre, et qu'il n'en restait pas pour assurer le remboursement des billets. On se porta en foule à la banque, et elle ne put effectivement suffire à payer ses billets à bureau ouvert. Il y eut d'abord lenteur dans le paiement, puis suspension absolue.

Les billets perdirent jusqu'à dix pour cent. L'ordre ne se rétablit qu'au bout d'un mois, par les rentrées de la banque et par la confiance que les succès de l'armée firent renaître dans le crédit du gouvernement.

Plusieurs causes concoururent à produire cette crise :

1° La suppression de l'agence des receveurs généraux, qui assurait le service du gouvernement à un pour cent, et l'obligation imposée à la banque de faire ce service à 1/2 pour cent;

2° L'accumulation, dans les mains de la banque, d'un trop grand nombre d'obligations du gouvernement ou de ses fournisseurs, et l'impossibilité où se trouvèrent les receveurs généraux d'acquitter les obligations que la banque leur présenta autrement qu'en mandats de Desprez, parce que le ministre les avait autorisés à payer par anticipation sur ces mandats ;

3° L'obligation que le ministre imposa à la banque d'augmenter l'émission de ses billets pour favoriser les opérations des fournisseurs;

4° L'affluence enfin des militaires et des

employés qui vinrent prendre de l'argent à la banque pour entrer en campagne.

Cette affluence, dont le public fut témoin, produisit une terreur panique, que l'intervention de la police augmenta, et ainsi fut mise à découvert la situation de la banque qu'on aurait peut-être ignorée. On craignit le retour d'un papier-monnaie; les billets de la banque allaient avoir, disait-on, un cours forcé, et périraient dans la main des porteurs, comme autrefois les assignats.

Napoléon, toujours attentif à ce qui se passait à Paris, pendant qu'il était à l'armée, avait été fort alarmé de cette crise. Il s'occupa, sitôt après son retour, de donner à la banque une nouvelle organisation. La loi du 22 avril 1806 doubla son capital pour qu'elle pût rendre plus de services au gouvernement, et plaça à sa tête un gouverneur et deux sous-gouverneurs à la nomination de l'empereur, pour qu'elle fût plus dans sa main. Nous rapportons ici les discours qu'il prononça dans la discussion de cette loi.

Il fut beaucoup question du traitement du gouverneur. On tendait alors à multiplier les grandes places et les grands traitements, et on pouvait d'autant plus se donner libre carrière en faveur des chefs de la banque, que ce ne serait pas l'État qui paierait, mais bien les actionnaires. Un membre du conseil (le général Clarke, depuis duc de Feltre), qui voyait la disposition de l'empereur, proposa, dans l'ardeur de son zèle, de fixer le traitement du gouverneur à 3oo,ooo fr.

Cette organisation n'empêcha pas que de nouvelles collisions n'éclatassent entre Napoléon et la banque, parce qu'il trouva, même dans les fonctionnaires qu'il avait nommés, une juste résistance à des exigences qui pouvaient compromettre l'intérêt de ce grand établissement, et par suite le repos de la capitale et celui du gouvernement lui-même. Il se montra, dans une occasion, fort irrité contre celui des sous-gouverneurs qui avait la principale influence, et on eût dit qu'il allait envoyer le coupable dans une prison d'état. Il le laissa pourtant en place, sachant bien qu'il avait fait son devoir, et que détruire l'indépendance de la banque, ce serait détruire son crédit, et porter un coup funeste à l'intérêt du gouvernement.

OPINION DE NAPOLÉON.

Séance du 27 mars 1806.

« Je consens à ce que le chef de la banque soit appelé *gouverneur*, si cela peut lui faire plaisir, car les titres ne coûtent rien.

« Je consens également à ce que son traitement soit aussi élevé qu'on voudra, puisque c'est la banque qui doit payer ; on peut le fixer si on veut à soixante mille francs. Quant à la proposition d'exiger que le gouverneur soit hors des affaires, je pense que quelque parti qu'on prenne, on empêchera difficilement les chefs de la banque d'abuser de la connaissance qu'ils auront des opérations du gouvernement et du mouvement des fonds.

« Ainsi, dans la dernière crise de la banque, après que le conseil des régents eut décidé d'acheter des piastres, plusieurs régents sortirent, firent acheter des piastres pour leur compte et les revendirent deux heures après à la banque avec un gros bénéfice.

«Je distingue dans la banque trois pouvoirs:

« Celui des deux cents actionnaires qui composent le comité ;

Celui du conseil composé des régents et autres ;

« Celui du gouverneur et de ses deux suppléants.

« Il faut que la loi d'organisation se compose de titres correspondants à ces trois pouvoirs.

« Je ne conçois clairement, dans les opérations de la banque, que l'escompte, et j'attribue la dernière crise de cet établissement, la plus forte qu'on ait éprouvée depuis Law, à ce que l'escompte a été mal fait. Un même banquier a eu la faculté de se faire escompter jusqu'à sept ou huit millions, tandis qu'aucune maison ne devrait avoir un crédit plus fort que neuf cent mille francs ou un million ; on devrait surtout s'interdire d'escompter les billets de circulation ; la crise a été fort heureusement attribuée à de prétendues demandes que le gouvernement aurait faites à la banque pour les dépenses de l'armée ; cette idée a fait prendre patience ; mais le fait est que le gouvernement n'avait pas pris un sou à la banque. La banque n'appartient pas seulement aux actionnaires, elle appartient aussi à l'État, puisqu'il lui donne le privilége de battre monnaie. L'assemblée des plus forts actionnaires n'est qu'un corps électoral semblable aux colléges électoraux composés des plus imposés. Rien ne serait plus funeste que de les considérer comme propriétaires exclusifs de la banque, car leurs intérêts sont souvent en opposition avec ceux de l'établissement ; l'action dont ils sont porteurs a pour effet de les intéresser à cet établissement, comme un titre de propriété foncière intéresse les membres du collége électoral au bien de l'État; mais elle ne leur donne pas toujours l'intelligence de leurs intérêts; il arrive même souvent que l'intérêt de l'actionnaire n'est pas celui de l'action.

« Je veux que la banque soit assez dans la main du gouvernement et n'y soit pas trop. Je ne demande pas qu'elle lui prête de l'argent, mais qu'elle lui procure des facilités pour réaliser, à bon marché, ses revenus, aux époques et dans les lieux convenables. Je ne demande en cela rien d'onéreux à la banque, puisque les obligations du trésor sont le meilleur papier qu'elle puisse avoir. Les placements sur un gouvernement quelconque sont toujours meilleurs que les placements sur quelque banquier que ce soit; une grande révolution capable d'entraîner la banqueroute de l'État est un événement qui ne se répète qu'après deux ou trois siècles, et cette banqueroute entraîne toujours celle des particuliers. Mais ceux-ci font banqueroute bien plus fréquemment; je connais deux frères qui ont placé chacun trois cent mille francs avant la révolution, l'un chez un banquier, l'autre sur l'Hôtelde-Ville de Paris. Le premier a tout perdu, tandis que le second a conservé cinq mille francs de rente et n'a pas cessé de recevoir toujours quelque chose en bons, en mandats, etc. Les banquiers les plus accrédités finissent par faire banqueroute, témoin M. Récamier, qui donnera tout au plus dix pour cent à ses créanciers ; il a le bonheur avec cela de recevoir des visites de condoléance.

« Quant à moi, depuis mon avénement au gouvernement, je n'ai occasioné aucune banqueroute ; j'en ai au contraire supporté beaucoup. Tel fournisseur me doit aujourd'hui trente millions, tel autre vingt, tel autre dix. On ne peut traiter de banqueroute le non paiement des traites de Saint-Domingue, car une partie de ces traites porte : *Reçu comptant*, et un procès-verbal du payeur atteste que rien n'a été payé. Une autre partie a été souscrite pour des marchandises qu'on a évaluées à trois ou quatre fois leur valeur; il en a été tiré dans un seul jour pour 60 millions. Un des porteurs de ces traites appelé au serment a confessé qu'il n'a rien payé. Le gouvernement d'ailleurs, comme les particuliers, est passible seulement des traites qu'il a acceptées; on n'en citerait pas une de celles-là que le trésor n'ait acquittée. Je suis convaincu que ce sont les banquiers eux-mêmes qui ont causé la crise de la banque; les uns ne cherchent qu'à s'enrichir aux dépens du gouvernement, les autres sont entraînés par de faux systèmes, témoin l'écrit de M. Dupont de Nemours; je ne me suis pas donné la peine de lire son opuscule, tant je suis persuadé qu'on ne doit pas faire la plus légère attention à ces faux systèmes.

Séance du 2 avril 1806.

« Il n'y a pas en ce moment de banque en France; il n'y en aura pas de quelques années, parce que la France manque d'hommes qui sachent ce que c'est qu'une banque. C'est une race d'hommes à créer. Je ne vois pas pourquoi les régents répugnent à recevoir un traitement; leur travail est un travail comme un autre; il vaut mieux au reste ne point déterminer le taux des traitements dans la loi, et en laisser la fixation à l'empereur, qui les réglera tous les ans et les fera payer sur les fonds de réserve. Quant à la nomination du gouverneur, je ne veux point présenter des candidats au comité des actionnaires. Ce serait restreindre la liberté de mon choix et me mettre dans une position avilissante vis-à-vis de ce comité. Si je consens à me mettre, en certains cas, dans cette position vis-à-vis du sénat, c'est parce qu'il représente la nation, qui, est la source de toute force et de tout pouvoir. Je pourrais tout au plus consentir à ce que le comité désignât un gouverneur et soumît ce choix à mon approbation, cela se fait ainsi pour les places d'académicien; mais je dois être le maître dans tout ce dont je me mêle, et surtout dans ce qui regarde la banque, qui est bien plus à l'empereur qu'aux actionnaires, puisqu'elle bat monnaie.

« La banque a failli tomber dans les mains d'un envoyé de M. Pitt, de M. Talon; il a fallu détourner par la force un danger qui provenait du peu d'influence de l'autorité publique dans les élections de la banque.

« Il faut mettre dans l'administration de cet établissement une classe d'hommes étrangère à la banque. Il y a des cas où soixante mille francs seront trop peu pour le gotrverneur : c'est par l'argent qu'il faut tenir les hommes à argent.

«La part du gouvernement dans le projet de loi est ce qu'elle doit être; il n'a point l'initiative de l'escompte, mais il a un droit de censure et d'opposition ; il faut dire qu'il ne pourra créer de nouvelle matière d'escompte.

« En stipulant que le portefeuille du gouverneur et celui des sous-gouverneurs seront exclus de l'escompte, on peut se dispenser de leur demander le serment de renoncer aux affaires. »

CHAPITRE XXV.

SUR LA LÉGISLATION DES BANQUEROUTES.

CE fut à propos de la nouvelle organisation de la banque de France que Napoléon énonça ses opinions sur les lois qui régissent les faillites. On pourra remarquer dans ce qu'il dit de M. Récamier, des dépenses qui ont entraîné sa ruine, et de la solidarité qu'il aurait voulu imposer à sa femme, un exemple de la sévérité avec laquelle il parlait toujours des banquiers. Cette classe indépendante, qui ne tire son existence que de son industrie, qui a peu besoin du gouvernement, et dont le gouvernement au contraire a besoin fréquemment, lui causait une sorte d'ombrage ; elle ne pouvait être favorable à son gouvernement, qui ménageait peu les intérêts du commerce et du crédit. De là ses plaintes contre ce qu'il appelait la *faction des banquiers*. Napoléon avait d'ailleurs un grief particulier contre madame Récamier : c'était la petite cour dont elle était entourée; car quelque élevé qu'il fût au-dessus de tous, il ne voyait pas sans jalousie quiconque partageait avec lui l'attention publique; il semblait que c'était un vol qu'on lui faisait. Les hommages qui entouraient alors madame Récamier et madame de Staël l'offusquaient comme aurait pu le faire une opposition contre son gouvernement. La vogue même de M. Gal, et de son système de crânologie, lui donna de l'humeur. Il semblait se plaindre qu'on parlât de M. Gal plus que de lui.

On doit reconnaître qu'il y a des choses fondées dans ce que dit Napoléon au sujet des faillites; il faudrait, sans être trop sévère envers le malheur, trouver des moyens plus efficaces d'atteindre la fraude, ou même d'effrayer l'incapacité et l'incurie.

OPINION DE NAPOLÉON.

Séance du 29 mars 1806.

« On m'a fait un rapport savant sur la banqueroute de M. Récamier ; il est évident pour tout homme de bon sens, qu'elle est frauduleuse, puisque M. Récamier dépensait depuis trois ans cent mille écus par an, quoique ses affaires allassent de mal en pis. Je voudrais qu'on ne permît les concordats entre le failli et les créanciers que dans les banqueroutes qui ne sont pas frauduleuses ; que toute banqueroute fût présumée frauduleuse jusqu'à un jugement qui déclarerait qu'elle ne l'est pas ; que dès l'instant où la faillite se déclare, le failli fût constitué prisonnier dans la prison publique ou chez lui, selon l'arbitraire du juge, et qu'il ne pût être admis à reprendre les affaires qu'après avoir tout payé au pair. Je pense que, dans le cas de banqueroute, la femme doit être privée de tous ses droits matrimoniaux, parcequ'il est dans nos mœurs qu'une femme partage les malheurs de son mari, et parce qu'alors elle sera intéressée à ne pas l'entraîner dans de folles dépenses. »

CHAPITRE XXVI.

SUR LES MINES.

La législation des mines a beaucoup varié sous l'ancienne monarchie.

Philippe-le-Long, en 1321, les déclara domaniales et en autorisa la libre exploitation, sous la réserve d'un droit pour le fisc.

Charles VI, en 1413, exigea le dixième des métaux purifiés.

Charles VIII, en 1483, exempta les mines de la taille. Chacun put les exploiter en payant le dixième et indemnisant le propriétaire.

Henri II, en 1548, sous le prétexte que la liberté indéfinie d'exploitation avait ruiné les mines, en concéda le monopole à un seul individu, en se réservant le dixième.

Henri IV, en 1601, se réserva les mines d'or et d'argent, abandonna les autres aux propriétaires du sol, à charge par eux de se faire autoriser, et créa un grand-maître des mines.

Louis XIV, en 1670, renouvela le monopole, en faveur d'un individu, de l'exploitation des mines. Il le retira, en 1698, et autorisa la libre exploitation des mines de charbon, en faveur des propriétaires du sol.

Le régent, en 1722, accorda le monopole à une compagnie générale, sous l'autorité du duc de Bourbon, grand-maître.

Louis XV, en 1741, supprima la charge de grand-maître et le monopole, qui avait ruiné les mines, et rétablit la liberté.

Telle était la législation, lorsque la loi de 1791 est venue rétablir l'ordre dans cette matière, en faisant la part du gouvernement, du propriétaire du sol et de l'inventeur.

Napoléon jugea que cette loi n'était pas suffisante ; elle avait été d'ailleurs altérée par un arrêté du directoire, du 3 nivôse an VI, par la loi du 13 pluviôse an IX, et surtout par une instruction ministérielle de thermidor an VI ; il pensa qu'il serait possible, avec une meilleure loi, de donner beaucoup plus d'extension à l'exploitation des mines, et d'en faire la matière d'un impôt considérable. Plusieurs projets lui furent présentés, il les renvoya au conseil d'état, et de longues discussions eurent lieu en 1806 et 1809. Il en résulta la loi du 21 avril 1810, par laquelle les mines ont été assujetties à payer annuellement au fisc une redevance fixe, et de plus une redevance proportionnée au produit net de la mine; ces deux redevances ne produisent annuellement qu'une somme d'environ deux cent mille francs, ce qui est bien loin de réaliser les espérances conçues par Napoléon.

OPINION DE NAPOLÉON.

Séance du 22 mars 1806.

« On peut, si l'on veut, ne pas dire expressément que les mines font partie du domaine public, mais j'entends qu'au fond cela soit ainsi. Je distingue trois sortes de propriétés.

« La première, et la plus anciennement reconnue, est celle des maisons, des arbres, des vignes, des biens situés sur les montagnes, et en général des choses qui demandent un certain temps et une certaine éducation pour donner des produits.

« La seconde est celle des pays de plaine, où l'on récolte dans la même année et presque sans peine les blés qu'on a semés.

« La troisième est celle des mines.

« La propriété des terres à blé, dont je forme la seconde classe, n'a été reconnue par les Romains qu'après la prise de Corinthe; ils ont amené alors en Italie une nuée d'esclaves, et ont créé ce nouveau genre de propriété territoriale pour les occuper et les fixer dans le pays. Encore la propriété de ces terres était-elle fort précaire, car on se les partageait, on les distribuait au peuple; les montagnes de la Campanie au contraire et des environs de Rome formaient, depuis long-temps, des propriétés incommutables. La troisième espèce de propriété, celle des mines, n'a jamais été réglée; ce qui prouve que le monde est moins vieux qu'on ne pense. Les Romains avaient quelques mines dans leurs colonies d'Espagne, mais la législation des colonies était arbitraire. Il faut donc soumettre cette nouvelle espèce de propriété à une jurisprudence nouvelle.

« Je ne suis pas surpris que l'assemblée constituante ait mal posé le principe, parce

que, de guerre lasse, toutes les assemblées
finissent par des termes moyens qui ne signi-
fient rien du tout. Sans doute rien n'est saint
et sacré comme la propriété; mais pourquoi
cela? parce que ce principe fait le bien de la
société; or, la propriété des mines, si on la
considérait comme inséparable de la propriété du fonds, serait au contraire funeste à
la société. Je veux toutefois que la propriété
des mines, une fois concédée, devienne semblable aux autres genres de propriétés; que
les contestations sur cette matière soient soumises aux tribunaux ordinaires, et qu'on se
repose du soin de bien exploiter les mines
sur l'intérêt des individus qui en seront de-
venus propriétaires à perpétuité; les pères
seront stimulés par l'intérêt de leurs enfants;
c'est la disposition du cœur humain: tout le
monde bâtit des palais, plante des arbres
pour les générations à venir. Les propriétaires
des mines sentiront qu'au lieu de gratter à la
surface, il faut faire des galeries; ils ne vou-
dront pas renoncer aux avantages d'un grand
système d'exploitation future, pour un léger
bénéfice d'un moment. »

CHAPITRE XXVII.

SUR LES ÉMIGRÉS.

La question s'est présentée, en 1806, de savoir si les émigrés dont on avait vendu les biens étaient encore passibles des rentes dues par eux aux hospices et hypothéquées sur ces biens. Elle fut portée devant le conseil d'état, et donna occasion à Napoléon d'exprimer son opinion sur les émigrés. Il dit que les questions relatives aux émigrés étaient toutes politiques, et ne devaient pas se juger par la loi civile ; qu'aux yeux de celle-ci, il n'y avait pas d'émigrés ; que cette qualité n'existait que relativement au gouvernement ; qu'on devait éviter de rien faire qui pût aliéner cette classe, et adopter enfin les principes d'un gouvernement fort qui n'opprime pas un parti pour en flatter un autre. Il s'étendit ensuite dans les considérations que nous rapportons.

Napoléon s'exprima toujours avec faveur au sujet des émigrés. Ils étaient victimes, à ses yeux, de leur dévouement à un principe qui était le sien, le principe monarchique. Peu lui importait que ce dévouement se fût adressé à d'autres qu'à lui. Il se flattait d'en hériter, il ne craignait plus les Bourbons, et surtout ne voulait point paraître les craindre. Jamais dans les pressentiments qu'il manifesta d'une révolution qui pouvait avoir lieu après lui (car, lui vivant, il n'en admettait pas l'idée), il ne dit rien qui indiquât la crainte du retour des Bourbons. C'étaient toujours ou les jacobins qui tenteraient de rétablir la république, ou un caporal qui s'emparerait du pouvoir par un coup de main, et régnerait militairement. Qu'avait-il à démêler, disait-il, avec les Bourbons ? Était - ce lui qui leur avait pris leur couronne ? Était-il à leur égard un usurpateur ? Il les croyait oubliés pour toujours, et feignait de les oublier lui-même. Son horreur des révolutions et le danger de leur exemple lui faisaient désirer d'être considéré comme l'héritier direct et naturel de la dernière dynastie. On ne pouvait, sans lui déplaire, se servir, devant lui, de cette expression : *Depuis la révolution*. Il semblait que c'était la reconnaître et lui donner un consécration nouvelle. Il aurait voulu en effacer jusqu'au nom. Ce n'étaient pas les royalistes qu'il redoutait, mais les idéologues et les républicains. On se rappelle qu'il voulait absolument, au 3 nivôse, que ce fût une conspiration des jacobins, et qu'il profita de l'occasion pour en déporter un certain nombre. L'existence d'un parti royaliste lui donnait l'air d'un usurpateur. Il voulait paraître aux yeux des rois de l'Europe aussi bien établi qu'eux et sans autre ennemi que les républicains, qui sont ceux de tous les rois.

On remarquera, dans le discours que nous rapportons, que l'empereur, touché de la situation des émigrés dont on avait vendu les biens, cherchait un moyen de les indemniser. Était-ce respect pour le principe de la propriété? On ne saurait le penser, puisqu'il a rétabli, dans les cent jours, la confiscation. C'était sympathie naturelle pour une classe dévouée au système monarchique et sur laquelle il croyait pouvoir compter.

Tout concourait à inspirer à Napoléon des dispositions favorables à l'égard des émigrés. Il voulait faire disparaître toute trace des partis qui avaient divisé la France; premier motif de ne point écarter les émigrés des emplois: il voulait le système monarchique et ne le concevait pas sans une aristocratie; de là la préférence donnée à une classe d'hommes que désignaient leur fortane et leur éducation : il voulait une cour ; les familles de l'ancienne cour devaient naturellement s'offrir à sa pensée : il voulait enfin se mettre en harmonie avec les rois de l'Europe ; comment n'aurait-il pas appelé auprès de lui la même classe d'hommes dont ils sont entourés ? Aussi une vive satisfaction brillait-elle sur son visage lorsque, dans le nombre des personnes qui paraissaient devant lui pour prêter serment à raison des fonctions auxquelles elles étaient appelées, il remarquait le nom de quelqu'une des familles qui avaient occupé un rang distingué auprès de l'ancienne dynastie ; il en était fier comme d'une conquête qui attestait de plus en plus l'affermissement de son pouvoir.

OPINION DE NAPOLÉON.

Séance du 15 mars 1806.

« Un des effets les plus injustes de la révolution a été de laisser mourir de faim tel émigré dont tous les biens se sont trouvés vendus, et de rendre cent mille écus de rente à tel autre dont les propriétés se sont trouvées encore, par hasard, dans les mains de la régie ; quelle bizarrerie aussi d'avoir rendu les champs non-vendus et d'avoir gardé les bois, il eût mieux valu, en partant de la déchéance égale de tous les propriétaires, ne rendre que six mille francs de rente à un seul et faire du restant une masse qui eût été répartie entre tous. »

Séance du 1er juillet 1806.

« Il y a en France quarante mille émigrés sans moyens d'existence; ces familles ont fourni de braves militaires, qui ont reçu des blessures à l'armée; ils demandent la restitution de leurs biens, ou une indemnité; il faudra bien un jour faire quelque chose pour ceux à qui il ne reste que 10,000 francs de rente de 100 qu'ils avaient autrefois. Les émigrés du dehors sont plus intéressants que les hommes de la même classe qui ne sont pas sortis, car ils ont eu le courage de faire alors la guerre et de faire aujourd'hui la paix. »

CHAPITRE XXVIII.

SUR LA LIBERTÉ DE LA PRESSE.

LIBERTÉ de la presse et Napoléon sont des mots qui hurlent, comme on dit, de se trouver ensemble; on ne sera donc pas étonné de l'opinion peu libérale qu'il professe ici sur ce sujet; c'était à l'occasion de la constitution qui devait le déclarer empereur. On parla des garanties à donner à la nation. Le sénat et le conseil d'état murmurèrent, par habitude, le nom de la liberté de la presse, qui avait fait partie obligée de toutes les constitutions promulguées jusqu'alors; mais Napoléon n'avait garde de souffrir qu'on lui donnât un tel maître. Tout ce qu'il permit, fut qu'on instituât, dans le sein du sénat, une commission de la liberté de la presse qui était censée destinée à la garantir, mais qu'il savait bien devoir demeurer impuissante. Comment eût-il consenti à se soumettre chez lui à la critique des

18

journaux, lui qui ne put jamais s'accoutumer à la liberté qu'ils se donnaient à son égard au-delà de la Manche, et qui, à la lecture des journaux anglais et des insultes qu'ils lui prodiguaient, entrait en fureur comme le lion de la fable piqué par les moucherons ? Il parut vouloir accorder une certaine liberté pour les livres; mais cette distinction ne tarda pas à disparaître; parce que là où les journaux sont censurés et où les livres ne le sont point, ceux-ci acquièrent bientôt l'influence qui eût appartenu aux premiers.

La liberté de la presse ne fut pas le moindre embarras de Napoléon dans les cent jours. Elle devait le faire périr ou périr par lui. Presse et tribune étaient plus que jamais inconciliables avec sa situation ; celle-ci appelait plutôt la dictature que les institutions du gouvernement représentatif. C'était le géant de Gulliver enchaîné par une multitude de petits liens qui l'empêchent de se mouvoir.

OPINION DE NAPOLÉON.

Séance du 1er décembre 1803.

« Le caractère de la nation exige qu'on restreigne la liberté de la presse aux ouvrages d'un certain volume ; il faut que les journaux soient soumis à une police sévère. »

CHAPITRE XXIX.

SUR LES COMMUNES.

Napoléon voulait donner un plus grand essor aux travaux publics ; il ne pouvait, cependant, y consacrer plus de fonds sur les revenus de l'État ; de là la pensée d'y faire concourir les communes en opérant un prélèvement du quart sur le produit des coupes extraordinaires de leurs bois, dites *quart de réserve*, et formant de ces prélèvements un fonds commun affecté aux travaux publics. Les quarts de réserve étaient, disait-il, un revenu extraordinaire et inattendu, dont les communes n'avaient pas besoin pour leurs dépenses ordinaires ; on pouvait donc en prendre une part pour les besoins de l'État, sans troubler leur existence. Les communes ne pouvaient disposer des quarts de réserve sans l'autorisation du gouvernement. Celui-ci avait donc le droit de mettre telle condition qui lui plaisait à son autorisation. Il arrivait ainsi à justifier l'établissement de cet impôt sur les communes et il l'établissait par un décret; à ceux qui objectaient qu'un impôt ne peut être établi que par une loi, il répondait que ce n'était pas un impôt, puisqu'il n'y a d'impôt que ceux établis par la loi, et que ceci serait établi par décret. Il faut être le maître, et le maître absolu, pour employer une telle argumentation. Le décret fut rendu (21 mars 1806), mais son produit fut peu de chose.

Nous avons fait remarquer ailleurs avec quel art Napoléon donna toujours aux nouveaux impôts quelque motif populaire. Quoi de plus propre à faire passer ce prélèvement sur les revenus des communes que de le consacrer aux travaux publics? C'est ainsi qu'en créant les premiers octrois, il les appela *octrois de bienfaisance;* et quand il voulut en établir dans toutes les communes, il dit que c'était pour maintenir le principe de l'égalité de l'impôt.

L'impôt mis sur les quarts de réserve ne fut pas le seul subside qu'il demanda aux communes. Il fit vendre plus tard au profit de l'État leurs biens affermés, disant qu'il leur donnerait le même revenu en rentes, et qu'ainsi elles n'y perdraient pas; et pour une rente de mille écus, il se procura ainsi un capital de cent mille francs, tandis que mille écus de rente sur le grand-livre ne se seraient vendus que cinquante ou soixante mille francs.

Il eût été difficile de disposer aussi arbitrairement des biens des communes, si la législation les avait rétablies dans leurs droits, ainsi que Napoléon en manifeste ici l'intention. Mais cette intention, selon toute apparence, serait restée long-temps sans exécution.

OPINION DE NAPOLÉON.

Séance du 8 mars 1806.

« Je désire que dans le projet sur les halles et marchés on traite les communes avec moins de rigueur; il ne faut pas s'exposer à détruire l'esprit municipal. »

Séance du 15 mars 1806.

« Je veux qu'on prélève le quart du produit des réserves des bois communaux pour les travaux généraux des ponts et chaussées:

les communes ne se plaindront pas de ce prélèvement sur une recette extraordinaire dont elles ne peuvent jouir sans mon autorisation ; il suffit pour cela d'un décret ; ce ne sera pas une contribution, puisqu'il n'y aura pas de loi, ce sera simplement un acte d'administration et de tutelle. Je n'ignore pas qu'un grand nombre de communes sont dans un état déplorable ; mais ce prélèvement n'aura lieu que sur une ressource extraordinaire affectée à des dépenses extraordinaires peu urgentes : toute rédaction me sera bonne, pourvu qu'elle assure le prélèvement de vingt-cinq pour cent.

« Je veux arriver à une égale répartition des impôts et à ce que toutes les communes de France aient des octrois.

« Les communes propriétaires de bois ne se trouvent les plus riches que par une sorte de fraude ; on a payé leurs dettes comme celles des autres communes, et on ne s'est pas emparé de leurs bois comme des autres biens communaux : or, je ne respecte que les propriétés bien acquises, acquises par le temps.

« Il y a beaucoup de communes dont les

dettes ont été payées et dont les biens n'ont pas été vendus; il en est beaucoup d'autres dont les biens ont été vendus et dont les dettes n'ont pas été payées : telle est la bigarrure qu'on remarque dans les lois rendues sur cette matière pendant la révolution; il en résulte que les propriétés de certaines communes ne sont pas très respectables.

« L'administration de la France est encore une machine qui s'organise. Il reste, par exemple, à reconstituer les communes. Il faudra pour cette organisation dix ans et beaucoup de réglements; c'est ce qu'on entend par les *constitutions de l'empire.* »

Séance du 18 avril 1806.

« Une immense étendue de territoire n'a pu être améliorée, parce qu'elle est la propriété des communes; il faut adopter une mesure large qui obligera les communes à aliéner ou à donner à bail emphytéotique tous leurs terrains incultes, leurs marais, etc. C'est la plus grande question qu'on puisse agiter. »

CHAPITRE XXX.

SUR LES FORÊTS.

L'ATTENTION de Napoléon s'est souvent portée sur l'administration des forêts. Elles constituaient un des plus beaux revenus de l'État; leur produit s'élevait jusqu'à 5o millions par année; il a diminué de plus de moitié depuis la restauration, par la restitution des bois des émigrés, et par les aliénations.

Napoléon s'occupait avec un soin particulier des forêts de sa liste civile, dont les principales étaient celles de Fontainebleau, Compiègne, Rambouillet, etc.; ces belles forêts, presque toutes en haute futaie, étaient le théâtre de ses chasses, et formaient un article important de son revenu. Il rédigeait ou corrigeait de sa main les réglements pour leur administration, et s'informait, avec détail, de leur produit. Il voulut savoir, à l'époque où il méditait une descente en Angleterre, combien de vaisseaux pourraient être construits avec le nombre immense d'arbres dont elles sont plantées.

En revenant, en 1808, de la conférence d'Erfurth, dans laquelle une si grande intimité s'était établie entre lui et l'empereur Alexandre, Napoléon dit à l'administrateur des forêts de sa liste civile, que l'empereur Alexandre voudrait qu'on lui envoyât quelqu'un pour organiser les forêts de son vaste empire comme le sont celles de la France, et il lui proposa d'y aller lui-même ; celui-ci déclina la proposition, mais indiqua un de ses subordonnés et le mit en rapport avec le prince Kourakin, ambassadeur de Russie, pour s'entendre avec lui sur les conditions de cette mission. Le projet n'eut pas de suite, parce que l'intimité d'Erfurth ne fut pas de longue durée.

L'idée énoncée ici par Napoléon de n'imposer les bois qu'au moment de la coupe, pour encourager leurs propriétaires à la différer et à les laisser croître en futaie, a été souvent proposée. Elle est toujours demeurée sans exécution par la difficulté d'établir l'assiette de l'impôt et d'en assurer la perception.

OPINION DE NAPOLÉON.

Séance du 2 avril 1806.

« On se plaint que les particuliers coupent leurs bois trop jeunes; ne pourrait-on pas, pour combattre cette disposition, s'abstenir de demander aux propriétaires de bois une contribution annuelle, et percevoir toute la contribution au moment de la coupe, ou ne percevoir la contribution annuelle sur les bois que jusqu'à ce qu'ils soient arrivés à un certain âge, à quinze ans, par exemple, et les exempter ensuite de l'impôt annuel jusqu'à la coupe?

« Deux circonstances ont pu faire couper les bois plus jeunes et en faire même détruire quelques-uns. Beaucoup de bois ne payaient pas d'impôts avant la révolution, parce qu'ils étaient dans des mains privilégiées, et ceux mêmes qui appartenaient à des particuliers payaient moins de contributions qu'aujourd'hui. »

« Il faut ouvrir des routes pour le transport des bois dans la Nièvre et dans le Berry;

j'en ai reconnu l'utilité dans mes voyages; il sera facile de pourvoir à cette dépense par des centimes additionnels. On devra faire supporter surtout cette imposition aux propriétaires de bois. »

CHAPITRE XXXI.

SUR LES THÉATRES.

La loi de 1791 avait établi une entière liberté dans le régime des théâtres. Leur nombre était indéfini ; chacun d'eux pouvait se livrer au genre qui lui convenait. Les événements de la révolution ne donnèrent pas le temps d'apprécier les effets de cette législation. La plupart des théâtres furent fermés : acteurs, auteurs et spectateurs étaient en prison, les inconvénients de la concurrence ne furent pas sensibles.

L'ordre revint avec Napoléon, et avec l'ordre le goût des plaisirs et des spectacles. Les théâtres se multiplièrent ; ils se ruinèrent l'un l'autre. Le bon goût et les bonnes mœurs eurent à souffrir de beaucoup de compositions plates ou ob-

scènes; des jeunes gens de bonne famille se jetèrent comme auteurs ou acteurs dans une
carrière où ils croyaient trouver la gloire et la
fortune, et où ils ne trouvèrent que la misère.

Napoléon voulut porter remède à cette situation des théâtres, dans l'intérêt des entrepreneurs et des acteurs, et dans celui des mœurs et
des lettres. Il n'avait pas à réprimer alors la
licence des théâtres sous le rapport politique.
Ils se seraient donné bien de garde d'attaquer le
gouvernement et de ruiner son autorité; ils n'at-
taquaient que le bon goût et ne ruinaient que
la bourse de leurs entrepreneurs.

Les ministres de l'intérieur et de la police
présentèrent chacun (en 1806) un projet de
réglement qui fut soumis au conseil d'état. Ils
proposaient de statuer qu'aucun théâtre ne
pourrait exister sans autorisation; que le nombre de ceux existant actuellement serait ré-
duit; que tout entrepreneur serait tenu de
fournir un cautionnement pour garantie de ses
engagements pécuniaires; qu'une rétribution
serait prélevée sur la représentation des pièces
des auteurs morts, pour secourir les auteurs
vivants, les artistes et leurs familles. Des objections s'élevèrent contre ces deux dernières
dispositions. La section de l'intérieur présenta
un nouveau projet. L'empereur, présent à la

discussion, voulut que les théâtres fussent réduits à dix, et leur emplacement fixé de manière que, dans les différents quartiers de Paris, ils ne pussent pas se nuire réciproquement. La section proposa de conserver :

L'Opéra, dans la rue de Richelieu.

La Comédie Française, à l'Odéon.

L'Opéra Comique, dans la salle Favart.

Le théâtre de l'Impératrice, au quai des Théatins (1).

Le Vaudeville, dans la salle actuelle de la rue de Chartres.

Le théâtre Montansier, à la Cité.

Le théâtre de la Porte-Saint-Martin, dans la salle actuelle, à la porte Saint-Martin.

Le théâtre de la Gaîté, dans la salle actuelle, aux boulevards.

Le théâtre de l'Ambigu-Comique, dans la salle actuelle, aux boulevards.

Le théâtre de la Vieille-Rue-du-Temple, dans la salle actuelle, Vieille-Rue-du-Temple.

La section aurait voulu laisser la Comédie Française dans la salle actuelle; mais le préfet de police insista sur le danger d'une salle dont les

(1) Aujourd'hui quai Voltaire, dans l'ancienne église des Théatins, convertie un moment en théâtre, et depuis démolie.

abords sont si difficiles, et d'où on ne pourrait s'échapper, en cas d'incendie, que par un seul vestibule.

On proposait déja d'employer le terrain de la salle Feydeau avec celui des Filles-Saint-Thomas pour l'établissement de la Bourse.

Le déplacement du théâtre de la Montansier était réclamé dans l'intérêt du Palais-Royal, qu'il pouvait incendier, et pour ne pas laisser ce spectacle de mauvais goût dans le voisinage des bons théâtres.

Le projet de la section obligeait chaque théâtre à se renfermer dans le genre qui lui était assigné. Les petits théâtres ne pourraient jouer des pièces du répertoire de l'Opéra ou de la Comédie Française, qu'avec leur consentement et moyennant une rétribution. L'Opéra seul pourrait donner des bals masqués.

On obligeait les grands théâtres, en retour de cette protection, à diminuer, un jour par semaine, le prix des dernières places, pour que les personnes peu aisées pussent y aller.

On soumettait les théâtres des départements et les troupes ambulantes à l'obligation de se faire autoriser.

Aucune pièce nouvelle ne pouvait être jouée sans l'autorisation du ministre de la police.

On laissait au ministre de l'intérieur et de la

police le soin de présenter des réglements de détail pour la police des entrepreneurs et des acteurs.

Napoléon, dans son décret du 8 juin 1806, fit subir beaucoup de modifications à ce projet.

Il ne détermina point le nombre des théâtres.

Ce fut le théâtre de l'Impératrice qu'il envoya à l'Odéon.

Il prescrivit le déplacement du théâtre de la Montansier, mais sans indiquer le lieu où il irait s'établir.

Il ajouta le théâtre de l'Opéra-Comique aux deux grands théâtres dont le répertoire, arrêté par le ministre, ne pourrait être joué par les autres que de leur aveu.

Il retrancha l'article qui obligeait les grands théâtres à baisser, un jour par semaine, leur prix, au profit du peuple; article qu'il avait lui-même demandé.

Napoléon a plusieurs fois parlé en termes emphatiques de l'importance de l'Opéra. L'Opéra était, disait-il, l'ame de Paris, comme Paris était l'ame de la France.

OPINION DE NAPOLÉON.

Séance du 18 avril 1806.

« On doit empêcher qu'il y ait à Paris,

des théâtres trop voisins les uns des autres.
Il faut que le grand Opéra puisse seul donner des ballets.

« Le Théâtre-Français devrait réduire, le
dimanche, à vingt sous les places du par-
terre, afin que le peuple pût en jouir. On
ne doit pas se régler toujours sur ce qui a
existé précédemment, comme s'il était impossible de faire mieux. L'Opéra coûte au
gouvernement huit cent mille francs par an;
il faut soutenir un établissement qui flatte
la vanité nationale. On peut l'aider sans
recourir à un nouvel impôt; il n'y a qu'à
protéger l'Opéra aux dépens des autres théâtres par certains priviléges. Le théâtre
de la République mérite d'être soutenu de la
même manière, parce qu'il fait partie aussi
de la gloire nationale. Il faut supprimer en
sa faveur celui de la Montansier, qui est
trop voisin, et qui d'ailleurs est un scandale
pour les mœurs. On affectera ce local à la
Bourse et on rendra au culte l'église des Ca-
pucins, qu'elle occupe. Le genre de la Montansier sera plus convenablement placé aux
boulevards; on ne doit laisser que les deux
grands théâtres au centre de Paris.

« Mais le décret qui sera rendu sur cette matière doit être vague et poser seulement les principes, de manière à laisser quelque latitude aux citoyens. Trop de sollicitude pour eux n'est pas un bienfait; il n'y a rien de si tyrannique qu'un gouvernement qui prétend être paternel; un père a des entrailles faites exprès, on ne les imite point.

« Il ne faut pas trop réduire le nombre des théâtres; mais il faut les bien placer : douze théâtres doivent suffire à Paris. On distribuera entre eux les pièces des auteurs morts: une libre concurrence leur sera laissée pour recevoir les pièces nouvelles; les théâtres secondaires auxquels celui de l'Opéra et celui de la République concéderont la permission de jouer des pièces de leur répertoire, leur paieront une redevance ; il faut répartir ces douze théâtres dans les différents quartiers de manière à ce qu'ils ne se nuisent pas. On devra aussi adopter une distribution de théâtres pour le reste de la France: on peut en placer deux à Marseille, deux à Lyon, deux à Bordeaux, et un dans les autres villes; je ne crois pas que le gouvernement soit obligé d'indemniser les théâtres qui seront supprimés ou changés de place ; c'est assez d'avoir à payer annuellement douze cent mille francs pour les théâtres ; il ne sera pas dit que je prenne l'argent du peuple pour des histrions. Un décret suffit pour ces changements ; il faut recourir aux lois le moins possible. M. Seguier a fait prononcer, en 1789, que la propriété des auteurs serait perpétuelle ; je pense qu'elle ne devrait durer que pendant leur vie. Le projet doit être rédigé dans des vues plus larges. »

Séance du 28 avril 1806.

« On prétend qu'il faut laisser une entière liberté pour l'établissement des théâtres et pour leur répertoire ; le public gagnerait, dit-on, à ce qu'il y eût deux Opéras, deux Théâtres-Français; c'est un préjugé de quelques personnes qui croient ramener par là les grands acteurs du bon vieux temps ; elles ne voient pas que Talma vaut mieux que Lekain.

« Je ne m'étonne pas que l'archi-chancelier soit pour la conservation de la Montansier : c'est le vœu de tous les vieux garçons de Paris. » (*On rit.*)

CHAPITRE XXXII.

SUR LES MAISONS DE JEUX.

Napoléon voulut savoir, en 1806, s'il ne serait pas possible de sortir de la situation équivoque dans laquelle on se trouvait relativement aux maisons de jeux, soit en les autorisant formellement, dans certaines localités, soit en les prohibant partout conformément aux lois. Il envoya une note aux sections de l'intérieur et de législation réunies, contenant une série de questions, avec invitation d'en délibérer et de proposer leurs vues, *sur les moyens de concilier l'extinction des jeux avec les considérations de police.*

Première question. Faut-il une nouvelle loi prohibitive?

Les sections furent d'avis qu'on ne pouvait rien faire de plus ni de mieux que la loi de 1791. Elles rappelèrent les ordonnances prohibitives de Charlemagne, de saint Louis, de François Ier, et des quatre derniers règnes, et l'obligation où l'on fut de fléchir, dans leur exécution, devant une passion indomptable. Toujours on avait autorisé quelques maisons de jeux sous la surveillance de la police, pour empêcher qu'il ne s'en établît de clandestines, qui auraient été plus dangereuses. Même chose était arrivée après la loi de 1791. La municipalité de Paris avait vivement poursuivi les joueurs, les tribunaux les avaient condamnés, les prisons de Bicètre et de la Salpêtrière s'étaient ouvertes pour beaucoup de personnages marquants. La fureur du jeu n'avait rien perdu de sa force, et on trouvait toujours où la satisfaire. Tel serait, disait-on, le sort de toute nouvelle loi.

Deuxième question. Faut-il une loi qui permette la tolérance des jeux?

Les sections répondirent négativement. On pouvait admettre que l'administration composât, en certains cas, avec les mœurs des hommes, avec leur faiblesse ou leur corruption, mais une telle composition n'était pas permise à la loi ; elle ne pouvait consacrer cette tolérance ni en contenir la moindre trace.

exposé à passer le but d'une triste et nécessaire tolérance.

OPINION DE NAPOLÉON.

Séance du 14 mai 1806.

« Il faut déclarer positivement la tolérance des jeux ou la prohibition ; le dernier parti est le plus conforme à la morale ; il faut donc l'adopter et n'excepter que Paris. Il est impossible de rester dans le vague où l'on est, la justice n'a point d'action en ce moment contre les maisons de jeu ; elle ne peut agir qu'autant que la police le lui permet ; cet état passif des tribunaux ne convient pas ; j'entends parler sans cesse des juges et de la justice, parce qu'il faut à chaque affaire leur imprimer le mouvement. Cette machine devrait aller toujours d'elle-même, lors même que le gouvernement dormirait. »

PIÈCES JUSTIFICATIVES.

N° 1.

EXTRAIT DE LA LETTRE QUE L'ABBÉ SABATIER DE CASTRES ÉCRIVAIT A LOUIS XVIII, D'ALTONA, LE 7 AVRIL 1803, POUR SE JUSTIFIER D'AVOIR LOUÉ BONAPARTE.

« La France, depuis cinq ou six ans, n'a pas eu
« de meilleurs amis, et l'auguste maison de Bourbon,
« de défenseurs plus sincères et plus adroits que
« S...s, T..., et le premier consul. J'ai ménagé
« Bonaparte, parce que je le regarde comme le sau-
« veur de la royauté en Europe, et comme le pro-
« chain restaurateur de votre maison. »

NOTE AU BAS DE LA LETTRE.

« L'abbé Sabatier, tout royaliste qu'il était, dépêcha
« un exprès à Bonaparte, général en chef de l'ar-
« mée d'Italie, en 1797, pour l'avertir d'un com-
« plot tramé contre ses jours, dans l'intime persuasion

« que ce général se rendrait maître de la révolution
« et rétablirait un jour la monarchie.

« Il écrivait après le 18 brumaire, que Bonaparte
« rétablirait la monarchie en faveur du duc d'An-
« goulême, mais qu'il se ferait auparavant nommer
« empereur des Français, titre purement honorifique,
« et qui ne suppose pas, comme celui de roi de
« France, la seigneurie du territoire et de ses habi-
« tants. »

La lettre qui contient tout cela a été imprimée et
répandue en 1803.

N° 2.

NOTE REMISE PAR LE MINISTRE DE RUSSIE A LA DIÈTE DE RATISBONNE, AU SUJET DE LA MORT DU DUC D'ENGHIEN.

Ratisbonne, 7 mai 1804.

L'événement qui vient d'avoir lieu dans les États de son altesse l'électeur de Bade, et dont la conclusion a été si déplorable, a causé le chagrin le plus vif à l'empereur de Russie; il n'a pu voir qu'avec la plus grande peine la violation qui a été commise sur la tranquillité et l'intégrité du territoire germanique. Sa Majesté impériale est d'autant plus affectée de cet événement qu'elle ne se serait jamais attendue à ce qu'un gouvernement qui, de concert avec elle, avait pris le rôle de médiateur, et s'était par conséquent engagé à donner tous ses soins au bien-être et à la tranquillité de l'Allemagne, se serait éloigné à un tel point des principes sacrés des lois des nations, et des devoirs qu'il s'était imposés lui-même à une époque si récente.

Il serait inutile d'appeler l'attention de la diète sur les conséquences sérieuses qui résulteraient pour l'empire germanique, si on laissait passer sous silence des actes de violence qui, jusqu'alors, avaient été sans exemple; elle verra facilement combien la tranquillité de l'empire et celle de chacun de ses membres serait compromise si des procédés si violents étaient regardés comme permis, et si on les laissait passer sans observation ni opposition.

Déterminé par ces considérations et en qualité de garant de la constitution de l'empire germanique et en celle de médiateur, l'empereur regarde qu'il est de son devoir de protester solennellement contre une action qui attaque directement la tranquillité et la sûreté de l'Allemagne, justement alarmée de ses suites lamentables. Sa Majesté n'a laissé s'écouler aucun délai pour représenter au premier consul, par l'entremise de son chargé d'affaires à Paris, sa manière de penser sur cet objet.

Tandis que sa Majesté adopte une mesure qui lui est dictée par sa sollicitude pour la tranquillité de l'empire germanique, elle est persuadée que la diète et le chef de l'empire rendront justice à sa sollicitude désintéressée et manifestement indispensable dans cette occasion, et qu'ils joindront leurs efforts

auxsiens pour transmettre leurs justes remontrances
au gouvernement français pour le déterminer aux
mesures que donnent le droit d'exiger de lui la violation de leur dignité et le maintien de la tranquillité
future.

N° 3.

PROJET DE DÉCLARATION POUR L'ÉTABLISSEMENT DE
L'EMPIRE PROPOSÉ AU CONSEIL D'ÉTAT PAR LES
PRÉSIDENTS DES SECTIONS EN 1804.

Les conseillers d'état délibérant d'après l'autorisation du premier consul, sur le vœu exprimé dans
l'adresse du sénat,

Considérant que l'intérêt de la nation est d'avoir
un gouvernement dont les principes soient fixes, les
vues permanentes, les projets suivis; la politique invariable, les alliances solides ;

Que la révolution n'a pas été commencée par la
nation , en 1789 , contre l'hérédité de la suprême
magistrature, et que si elle a été dirigée depuis
cóntre la famille en faveur de laquelle les représentants du peuple avaient confirmé cette hérédité ,
c'est parce que cette famille s'est armée contre la
révolution et ses principes;

Que la nation confirmera sa volonté d'éloigner cette famille en appelant une famille nouvelle et la plaçant à sa tête;

Que l'hérédité de la suprême magistrature dans une famille n'est pas une concession dans l'intérêt de cette famille, mais une institution dans l'intérêt du peuple;

Que le moment qui appelle une pareille institution est celui où de grands dangers ont menacé la patrie en la personne du premier consul, quand l'Angleterre a armé contre lui des assassins, et où d'autres dangers nés des hasards de la guerre peuvent menacer encore le chef suprême de l'État;

Que, puisque l'hérédité peut écarter les dangers qui menacent, prévenir les malheurs qu'on redoute, assurer les avantages qu'on désire, la nation a un intérêt pressant de voir adopter cette institution;

Que, s'il existait des motifs d'en retarder l'établissement, ils ne pourraient résulter que de considérations prises des relations extérieures de la république que le chef du gouvernement peut seul apprécier dans toute leur étendue, mais qui semblent conseiller plutôt l'accélération que les délais;

Que l'hérédité de la suprême magistrature est anologue aux mœurs de la nation, convenable à sa population, adaptée à l'étendue de son territoire;

Que la nation votera, sans hésiter, en faveur du système héréditaire, au même instant où elle sera

appelée à la garantie solennelle de toutes les institutions, de tous les droits pour lesquels ses armées ont
combattu, et que le même acte assurera irrévoca-
blement et sans retour, avec l'hérédité de la magistrature suprême dans une famille, la liberté individuelle, celle des cultes, la sûreté des propriétés,
l'irrévocabilité des aliénations des domaines nationaux, l'égalité politique et civile, le système
représentatif pour le vote des impôts et des lois, et
enfin l'abolition des priviléges détruits et de tout
autre droit héréditaire que celui qu'elle proclamera
pour la magistrature suprême; sont d'avis :

1° Qu'il est de l'intérêt de la nation française de
déclarer les fonctions du premier consul héréditaires
dans sa famille ;

2° Que si des considérations de politique extérieure n'y mettent obstacle, le moment est non-seulement favorable, mais pressant, pour proclamer l'hérédité de la magistrature suprême ;

3° Que l'hérédité doit être établie sur les principes
posés au commencement de la révolution, en écar-
tant toutefois ce qui fut fait par un sentiment de
défiance envers la dynastie que la révolution a ren-
versée, et en y substituant ce qui sera nécessaire à
la conservation de la dynastie nouvelle que la révolution aura élevée ;

4° Que la stabilité et la force de la puissance héréditaire et les droits de la nation qui l'aura votée

doivent être inséparablement garantis dans le même acte, **par** des institutions fondées sur la liberté individuelle, sur la liberté des cultes, sur l'inviolabilité des propriétés, sur l'irrévocabilité des ventes des domaines nationaux, sur l'égalité politique qui permet à tous les citoyens de parvenir à tous les emplois, sur l'égalité civile qui assure que tous les citoyens sont jugés suivant les mêmes lois, sur le vote de ces lois par une représentation nationale et sur l'octroi annuel des impôts, après le compte des fonds accordés l'année précédente.

5° Que l'acte constitutif de l'hérédité et contenant les garanties de la nation ne pourra recevoir de changement ou de modification que par le vœu du peuple français.

Nº 4.

EXTRAIT D'UN ARTICLE DE LA GAZETTE DE FRANCE, DU 28 SEPTEMBRE 1804, SOUS LA FORME DE LETTRE AU RÉDACTEUR.

J'ai cherché les causes qui ont pu déterminer Constantin à fonder une nouvelle capitale. Il n'y a pas de doute qu'il n'ait été déterminé à cette vaste entreprise par les mêmes raisons qui ont engagé Dioclétien et Maximien à transférer le siége du gouvernement à Nicomédie et à Milan.

Ces deux princes, qui ont ramené l'ordre, la paix et la tranquillité dans Rome et dans l'empire, qui se sont illustrés par des victoires éclatantes sur les Barbares de l'Asie et du Nord, vinrent, après tant d'exploits, triompher dans la capitale; ils s'attendaient naturellement à y recevoir l'accueil que méritaient leurs travaux guerriers; mais ils n'y trouvèrent qu'un peuple ingrat, inconstant, léger, qui, loin d'apprécier leurs services et de bénir la main qui avait cicatrisé ses blessures, cherchait à les tourner en ridicule. Toutes les fois qu'ils paraissaient dans le cirque, au théâtre, ou dans les autres lieux publics, ils étaient témoins des applications indécentes, des sarcasmes, des calembours qu'on se permettait en leur présence, tandis que les habitants des provinces se trouvaient honorés de la présence de leurs monarques, se pressaient sur leurs pas, et leur témoignaient la reconnaissance dont ils se sentaient pénétrés.

La comparaison que firent ces empereurs ne se trouva pas à l'avantage de la capitale, et les détermina sans doute à établir leur résidence habituelle dans des villes moins splendides à la vérité, mais où ils recevaient un accueil plus flatteur.

Constantin paraît avoir eu les mêmes motifs à l'égard de Rome; il n'a pas voulu s'exposer aux désagréments qu'avaient éprouvés ses prédécesseurs.

Il est bien étonnant sans doute que Dioclétien et Constantin n'aient pas senti que, pour se venger d'une poignée de faquins, de gens sans aveu, de jeunes gens inconsidérés, ils entraînaient la ruine d'un grand nombre de commerçants et de propriétaires. Serait-ce que les meilleurs esprits ne tiennent point contre l'ingratitude? Quoi qu'il en soit, Rome est totalement déchue de son rang. *Puisse cet exemple servir de leçon à la postérité!*

20.

N° 5.

LETTRES DE L'EMPEREUR NAPOLÉON A SON MINISTRE
A MUNICH, SUR LES PREMIÈRES OPÉRATIONS DE LA
CAMPAGNE D'AUSTERLITZ.

Lettre de Strasbourg, du 6 vendémiaire an XIV
(28 septembre 1805).

Monsieur Otto,

Enfin tout prend ici une couleur ; toute mon armée est arrivée, et en marche pour aborder le Necker. Vos lettres du 3 vendémiaire m'ont fait plaisir. Vous vous êtes comporté, dans cette circonstance délicate, comme je devais m'y attendre. Je saisirai la première occasion pour vous le témoigner publiquement. S'il est vrai que les Russes avancent, peut-être serait-il convenable que l'électeur se rendît à Kalkreuth ; c'est surtout par des manœuvres et par des marches que je veux en venir facilement à bout. Le maréchal

Bernadotte est en mrrche avec le maréchal Marmont et les troupes bavaroises, pour se porter sur le Danube. Toute mon armée se lie à ce mouvement; je serai moi-même en peu de jours en position de la diriger. Je me flatte qu'après la première bataille je pourrai remettre l'électeur à Munich. Je désire savoir si son intention est d'y rentrer de suite. Envoyez-moi, par courrier extraordinaire, toutes les nouvelles un peu sûres que vous pourrez avoir de Vienne et de Prague. Bade a conclu un traité d'alliauce avec nous, il y a long-temps; un pareil doit être signé avec Wurtemberg et Hesse-Darmstadt. Envoyez quelques courriers extraordinaires à Berlin, lorsque les circonstances le nécessiteront, pour donner des nouvelles de l'armée.

Sur ce, je prie Dieu qu'il vous ait en sa sainte garde.

Signé NAPOLÉON.

Lettre de Luidsbourg, du 10 vendémiaire an XIV (2 octobre 1805).

Monsieur Otto,

Je vous envoie mes lettres pour MM. Duroc et Laforêt. Il me devient instant d'être instruit du mouvement de l'ennemi, sur la gauche du Danube

Envoyez-moi donc un ou deux courriers par jour ; vous donnerez à vos courriers pour direction les avant-postes français. Je suis en pleine marche ; je vais me rendre à Stuttgard. J'imagine que le maréchal Bernadotte et le général Marmont y sont déja. J'espère vous remettre bientôt à Munich.

Sur ce, etc.

Signé NAPOLÉON.

Autre lettre de Luidsbourg, du 12 vendémiaire an XIV
(4 octobre 1805).

Monsieur Otto ,

Je reçois votre lettre du 8. Les nouvelles que vous me donnez des Russes ne sont pas assez précises ; je vous avais mandé d'envoyer quelqu'un à Tescher, à Olmutz, afin de savoir positivement quand ils arrivent, et avoir le rapport de quelqu'un qui les ait vus, rapport que je n'ai pas encore eu. Je recevrai avec plaisir le baron Gravenreuth, et je lui accorderai ma confiance, d'après le bien que vous m'en dites. Tout le monde est en marche. J'espère fortement qu'avant le 15 vendémiaire, je pourrai remettre l'électeur à Munich ; faites-moi connaître si son intention est d'y venir ou à qui il veut donner la régence. L'affaire d'Anspach ne peut être un sujet de querelle avec la Prusse, d'abord parce que je n'en ai pas été prévenu, et qu'il ne suffisait pas de prévenir mon général , ensuite parce que j'ai dû suivre les errements de la dernière guerre, pendant laquelle on a passé à Anspach autant qu'on a voulu ; c'est dans ce sens que vous devez en parler avec le ministre de Prusse et avec l'électeur. Deux patrouilles ennemies ont été coupées, ce qui nous a valu un détachement d'une quarantaine de prisonniers à cheval. Assurez bien l'électeur que je ne poserai pas les armes que je ne l'aie mis en état d'entretenir une armée de cinquante mille hommes, et de n'avoir plus aucune espèce de lien, ni de dépendance avec la maison d'Autriche. Les princes de Wirtemberg trouvent ici que l'électeur a eu tort de ne point porter des plaintes à Ratisbonne , et même des plaintes énergiques. Vous recevrez ce courrier de vendredi à samedi ; je désire que vous me le renvoyiez, pour que je le reçoive avant le 14, et que je sache ce qu'il y a de nouveau de vos côtés. Il serait assez convenable que l'électeur fît une proclamation à son peuple, où il fît sentir toutes les vexations qu'a commises envers lui la maison d'Autriche, etc.

Sur ce, etc.

De mon camp impérial de Luidsbourg, le 12 vendémiaire an XIV, à 8 heures du matin.

Signé NAPOLÉON.

Autre lettre de Luidsbourg, du 13 vendémiaire an XIV
(5 octobre 1805).

Monsieur Otto ,

L'aide-de-camp de l'électeur m'a apporté votre dépêche. Il paraît qu'il est resté plus de six mille hommes à Wurtzbourg, cela est trop ; je pars à l'instant même de Luidsbourg, je serai à Vordlingen, sur le territoire de Bavière, demain 14 ; mes corps d'armée sont en très-grandes marches. Les corps bavarois et ceux des généraux Bernadotte et Marmont sont appuyés par les généraux Ney et Soult. Le 15 et le 16, nous serons tous depuis Donawerth jusqu'à Ingolstadt ; jamais une aussi grande quantité de troupes n'aura occupé un si petit espace. Pourquoi l'électeur ne viendrait-il pas assister au passage du Danube et à notre entrée chez lui ? Je n'attache, au reste, aucune importance à ce que je vous dis là.

Sur ce, etc.

Signé NAPOLÉON.

Lettre de Donawerth, du 16 vendémiaire an XIV
(8 octobre 1805).

Monsieur Otto ,

Les événements se pressent avec rapidité ; j'ai

passé hier le Danube et le Lech; j'ai fait attaquer Ausbourg et Aicha, où on doit être à l'heure qu'il est; il serait possible qu'on eût enveloppé un corps de dix mille hommes qui, du Danube, a fait sa retraite sur cette position; douze bataillons de grenadiers viennent d'être enveloppés à Wertingen, entre le Lech et le Danube, artillerie, drapeaux, et la plus grande partie du corps a été pris (Napoléon ajoute ici de sa main : *et plus de compromis*). Le maréchal Bernadotte et les Bavarois devront être demain à Ingolstadt; je me porte sur les derrières d'Ulm. Tous les jours deviennent plus intéressants; si l'ennemi fait quelques fautes, elles pourront avoir des résultats funestes pour lui. Faites connaître ce premier succès au général Duroc, à Berlin, et à l'électeur, auquel j'écrirai quand je pourrai lui annoncer que son pays est reconquis, après une grande bataille qui aura lieu un de ces jours.

Sur ce, etc.

Signé NAPOLÉON.

Lettre d'Ausbourg, du 19 vendémiaire an XIV
(11 *octobre* 1805).

Monsieur Otto,

Je vous ai fait instruire des résultats du combat

de Wertingen et de Guntzbourg. L'armée du prince Ferdinand est entièrement coupée, et le prince Murat, avec une division de dragons et les corps des maréchaux Lannes et Ney, est à sa suite. Tous les débouchés, le long du Lech, sont occupés par le maréchal Soult; le maréchal Bernadotte a dû entrer aujourd'hui à Munich. J'ai fait la galanterie à l'électeur d'y faire entrer, le premier, son corps de Bavarois. Du moment que j'aurai la nouvelle de l'entrée de ces troupes à Munich, j'écrirai à l'électeur d'y venir; il peut toujours faire préparer ses équipages. J'en serai d'autant plus aise que les sept ou huit mille hommes qu'il a gardés à Wurtzbourg le suivront, ce qui fera un accroissement pour l'armée. Envoyez un courrier extraordinaire à Berlin au général Duroc, et à M. Laforêt, en cas que le général Duroc n'y soit plus, pour l'instruire de ces nouvelles; écrivez aussi une longue dépêche au général de divison Barbou, qui commande en Hanovre, pour lui donner tous ces renseignements. Vingt mille hommes de l'armée autrichienne d'Italie filent sur l'Allemagne; mon armée d'Italie doit attaquer demain, et après l'affaiblissement qu'a éprouvé l'armée autrichienne, je suis fondé à espérer des succès. J'attends d'avoir des nouvelles plus positives des Russes pour pouvoir marcher à eux, et m'en débarrasser le plus tôt possible. J'ai besoin de chevaux; que tous ceux qu'on pourra me fournir soient envoyés à Ausbourg,

où je les payerai; faites-les donc conduire à Ausbourg, j'en prendrai autant qu'on m'en fournira de
bons. Je ne sais point si le fort de Pfozkeim est ap-
provisionné, et si l'électeur y a mis une petite garnison. Par Dieu! voyez que toutes les mesures soient
prises pour que cette place ne tombe pas au pouvoir de l'ennemi; ne tînt-elle que huit ou dix jours
de blocus, je saurai bien aller à son secours, et ce
poste pris me serait très-désavantageux.

Sur ce, etc.

Signé NAPOLÉON.

Autre lettre d'Ausbourg, du 20 vendémiaire an XIV
(12 octobre 1805).

Monsieur Otto,

Je vous réponds par votre courrier deux mots,
car je pars dans une heure pour me rendre à Bur-
gau. La lenteur de la marche des Bavarois et le
temps affreux qu'il fait ont retardé le général Bernadotte; son avant-garde était hier à deux lieues
de Munich, il a dû y entrer aujourd'hui: je n'en ai
point de nouvelle. Vous trouverez ci-joint un bulletin qui vous fera connaître la situation des choses.
La bataille aura lieu après-demain 22; j'espère que
l'armée autrichienne sera détruite ou faite prison-

nière, et que l'armée russe ne tardera pas à avoir le même sort, toutefois avec l'aide de Dieu, qui est le Dieu des armées.

Je désire que l'électeur attende ma lettre pour venir. Je sais qu'il doit être accompagné par sa famille, et je suis trop galant pour vouloir exposer ces dames; je lui écrirai le 22 au soir, du champ de bataille, ce que je pense qu'il sera convenable qu'il fasse. Faites passer ces nouvelles à Berlin et au général qui commande en Hanovre. Le découragement de l'armée autrichienne n'a pas d'exemple. Nos plus mauvais régiments de chasseurs attaquent, en nombre inférieur, les gros régiments de cuirassiers et les mettent en déroute; l'infanterie ne tient nulle part.

Sur ce, etc.

Signé NAPOLÉON.

P. S. Annoncez à l'électeur que l'armée bavaroise et française est entrée aujourd'hui à Munich, à six heures du matin; elle a fait huit cents prisonniers. Le maréchal Bernadotte me mande qu'il est à cheval, suivant un parc de cent pièces de canon qui n'est pas éloigné. Le prince Ferdinand se trouvait à Munich, il avait donc quitté son armée de l'Iller. La confusion des Autrichiens paraît extrême; il y aura bien des nouvelles d'ici à huit ou dix jours.

Lettre de l'abbaye d'Echlingen, du 26 vendémiaire an XIV
(18 octobre 1805).

Monsieur Otto,

Je vous envoie un nouveau bulletin, vous y verrez qué nos succès ne sauraient être plus complets. Dites à l'électeur qu'il ne s'inquiète point de la retraite du prince Ferdinand, qu'il est sorti d'Ulm avec douze mille hommes, mais qu'il ne lui en reste plus que six mille; je serai dans peu de jours à Munich. Du moment que je saurai le sort que le prince Murat et le maréchal Lannes, que j'ai mis à la poursuite du prince Ferdinand, lui auront fait essuyer, j'écrirai à l'électeur.

Sur ce, etc.

Signé NAPOLÉON.

Lettre d'Ausbourg, du 1ᵉʳ brumaire an XIV
(23 octobre 1805).

Monsieur Otto,

J'écris à l'électeur de venir à Munich; s'il veut me voir, il ne faut pas qu'il tarde, car je vais dans très-peu de jours me porter sur l'Inn, afin d'essayer d'enlever l'armée russse, et de faire sentir tous les malheurs de la guerre aux États héréditaires ; je pense que vous aurez exactement donné des nouvelles de l'armée au général commandant en Hanovre et à MM. Duroc et Laforêt. Il y a plus de quinze jours que je n'ai reçu de nouvelles de Berlin, je n'en reçois pas non plus de M. de Talleyrand; j'imagine qu'il a pensé que la route n'était pas sûre.

Sur ce, etc.

De mon camp impérial d'Ausbourg, le 1er brumaire an XIV.

Signé NAPOLÉON.

———

Autre lettre d'Ausbourg, du 2 brumaire an XIV
(24 *octobre* 1805).

Monsieur Otto,

Le courrier qui vous portera cette lettre continuera sa route jusqu'à Berlin. J'imagine que vous avez fait passer des nouvelles au fur et à mesure que vous en avez eu , au commandant de mes troupes en Hanovre. Je ne pense pas que les Prussiens aient l'audace de se porter en Hanovre pour en arracher mes aigles, cela ne pourrait se faire sans du sang. Les drapeaux français n'ont jamais souffert d'affront. Je ne tiens point au Hanovre, mais je tiens plus à l'honneur qu'à la vie; je serai ce soir à Munich; tous les prisonniers sont aujourd'hui sur la route de France.

Sur ce, etc.

Signé NAPOLÉON.

N° 6.

LETTRE DE L'EMPEREUR NAPOLÉON A SON AMBASSA-
DEUR A VIENNE, POUR LES DISPOSITIONS RELA-
TIVES AU MARIAGE.

Monsieur le comte Otto,

Votre courrier du 16 n'est arrivé qu'aujourd'hui 25, à 6 heures du matin. Il paraît qu'il a été retenu au passage des Vosges. Le prince de Neufchâtel, qui est prêt, partira à dix heures avec cinq ou six aides-de-camp et une suite de trois ou quatre voitures ; mais il fera tant de diligence que j'espère qu'il arrivera à Vienne, le 3 au soir. Le duc de Cadore va vous envoyer les pleins pouvoirs nécessaires pour signer la convention telle qu'on la demande ; je viens de la lire et je ne vois aucune difficulté qui s'oppose à ce que vous la signiez. Il n'y en aura pas davantage à ce qu'une dame de compagnie accompagne l'archiduchesse pendant le voyage ; je préfère même une dame de compagnie à une femme de chambre. Le télégraphe de Strasbourg m'ayant annoncé, à Rambouillet, le passage de votre courrier, le 22, j'ai fait partir, sur-le-champ, mon aide-de-camp Lauriston qui sera arrivé depuis long-temps. Je vous envoie cette lettre par le page de service, afin de gagner cinq ou six heures sur le courrier que vous enverra le duc de Cadore, que je dois voir à mon lever. Préparez tout ce qui est nécessaire, soit pour l'entrée, soit pour la présentation du prince de Neufchâtel, et n'épargnez rien pour que tout se fasse avec la magnificence convenable. Nous avons ici l'état des présents que le roi a faits lors de la remise de la dauphine à Strasbourg ; on en enverra de pareils pour la remise de la princesse à Braunau. Le prince de Neufchâtel n'est chargé d'aucun présent. Nous n'avons pas trouvé de traces qu'il en ait été donné aucun à Vienne. Cependant, si cela était d'usage, vous vous hâteriez d'en instruire le prince de Neufchâtel, et d'y pourvoir. Je suppose qu'il y a erreur dans la note où on paraît désirer que ce soit un frère de l'archiduchesse qui l'épouse. Je ne crois pas que le prince impérial soit majeur ; cependant, comme le désire M. de Metternich, les lettres sont envoyées avec les noms et les adresses en blanc, vous direz à M. de Metternich que l'empereur nommera le prince qu'il voudra. Si l'âge n'y fait rien, je désire que ce soit le frère de l'archiduchesse qui sera un jour empereur. Si le défaut de majorité est un obstacle, je désirerais que ce fût le prince Charles ; mais vous devez sentir que, dans l'état de division où est la famille, je m'abstiendrai de le demander. Consultez dans le pays, pour savoir s'il n'y a aucun inconvénient à ce que le prince Charles soit chargé de cette fonction. Si la nomination du prince Charles n'est pas agréable à l'empereur, il pourrait nommer l'archiduc Reinier. Au reste, l'empereur fera là-dessus ce qu'il voudra, et je m'en rapporte au choix qu'il fera. Vous trouverez, dans le *Moniteur* ci-joint, la composition de la maison de l'impératrice. Je n'ai point nommé de nouvelles dames, quoique mon intention soit d'en nommer sept ou huit de l'âge de l'impératrice, mais je ne le ferai que lorsque cette princesse sera arrivée à Paris. Le prince de Neufchâtel, après avoir rempli ses fonctions d'ambassadeur extraordinaire, ira à Braunau pour recevoir la princesse. Dans deux jours, la dame d'honneur, la dame d'atour, quatre dames, le chevalier d'honneur, le premier écuyer et trois écuyers, quatre chambellans et quatre pages, avec un maréchal-des-logis et tout ce qui est nécessaire pour le service, partiront pour Braunau, où se fera la remise de la princesse, et ils seront rendus le 8 mars.

Sur ce, je prie Dieu qu'il vous ait en sa sainte garde.

A Paris, le 25 février 1810. — Napoléon a ajouté ici de sa main : *à 7 heures du matin.*

Signé NAPOLÉON.

NOTE JOINTE A LA LETTRE.

Note sur la maison de l'impératrice.

La dame d'honneur est madame la duchesse de Montebello, femme de 29 ans, d'une réputation parfaite et portant un nom cher à l'empereur, et également cher en France et dans l'armée, jouissant d'ailleurs d'une grande et brillante fortune, et d'un grand état de maison.

La dame d'atour est madame la comtesse de Luçay, femme de 36 ans, épouse du premier préfet du palais.

Le chevalier d'honneur est le comte Beauharnais, secrétaire. Ce n'est pas celui qui a été membre de l'assemblée constituante.

Le premier écuyer est le prince Aldobrandini, frère du prince Borghèse, qui a ici une grande fortune. Il est marié à la fille de M. Larochefoucauld, qui a été à Vienne.

N° 7.

LETTRE DE LA MAIN DU DUC DE FRIOUL (DUROC),
GRAND - MARÉCHAL DU PALAIS DE NAPOLÉON , A
L'AMBASSADEUR DE FRANCE A VIENNE , POUR LES
DISPOSITIONS RELATIVES AU MARIAGE.

Rambouillet , le 20 février 1810.

Monsieur le Comte ,

Le télégraphe de Strasbourg annonce que la convention signée à Paris a été ratifiée le 16. L'empereur ne recevra votre courrier que demain , le prince de Neufchâtel partira le 25 au matin. Le général Lauriston part aujourd'hui et vous remettra cette lettre.

J'ai l'honneur d'envoyer ci-joint à Votre Excellence le projet d'itinéraire que S. M. désirerait qui fût suivi, à moins de fortes objections contre. Vous verrez qu'il est calculé de manière qu'il y a cinq jours de plus pour les accidents.

Les lettres que l'on recevra demain de Votre Excellence éclairciront ce qui est relatif au mariage. Si cela ne fait pas de difficulté à Vienne, le prince de Neufchâtel épousera par procuration; sinon il y aura un pouvoir en blanc, pour tel prince de la famille impériale, dont S. M. laisse le choix à l'empereur d'Autriche, pour ne rien faire qui ne lui soit agréable. Aussitôt que l'on saura, par vos lettres, quel est l'itinéraire que vous proposez, et dont celui-ci ne peut être qu'une modification, la maison qui doit faire le service près de l'impératrice partira pour aller l'attendre à Braunau; elle sera composée :

De la dame d'honneur,
    d'une dame d'atour,
1 chevalier d'honneur,
1 1er écuyer,
4 dames du palais,
4 chambellans,
1 aumônier (évêque),
1 préfet du palais,
1 maître des cérémonies,
2 écuyers,
1 maréchal-des-logis,
1 médecin,
1 chirurgien.

Le général Lauriston fera les fonctions de capitaine des gardes.

Il sera envoyé des maîtres-d'hôtel, cuisiniers, valets de chambre, femmes de chambre, femmes de garde-robe, d'atours, enfin tout ce qui est nécessaire pour le service de l'impératrice.

On enverra également à Braunau une partie du trousseau, afin que, depuis le moment de la remise, l'impératrice soit habillée et coiffée à la française, et qu'elle paraisse ainsi à Munich et à Stuggard, et qu'elle y soit comme une vieille impératrice.

L'empereur ira au devant de S. M. entre Compiègne et Soissons, il la ramènera à Compiègne, où elle couchera ; et, pour suivre l'étiquette, l'empereur reviendra à Paris. Le lendemain, l'impératrice viendra à Saint-Cloud, où elle restera avec la cour jusqu'au moment du mariage. L'empereur ira la voir tous les jours; mais il reviendra toujours coucher à Paris. Le mariage se fera aux Tuileries.

J'ai cru devoir donner ces détails à Votre Excellence, parce qu'ils peuvent lui être agréables. Je la prie de m'instruire, de son côté, de tout ce qui peut avoir quelque rapport avec le service du palais relativement à l'impératrice, de ce qui peut avoir rapport à ses habitudes, à sa manière de vivre et à sa nourriture, l'empereur ne désirant rien tant sinon que S. M. n'ait rien à désirer.

Je renouvelle à Votre Excellence l'assurance de ma haute considération.

Signé LE DUC DE FRIOUL.

NOTE JOINTE A LA LETTRE.

Projet d'itinéraire.

Le prince de Neufchâtel part le 25 février, à deux heures du matin.

Il arrive le 4 mars à Vienne, et comme le général Lauriston a tout préparé d'avance, il fait ses visites le même jour.

Il fait la demande le   5.
Le mariage se fait le   6.
La princesse part le   8, et couche à Molk.
             le   9, Lombach.
             le 10, Braunau.
             le 11, id., pour la remise.
             le 12, Munich.
             le 13, id.
             le 14, Ulm.
             le 15, Stuttgard.
             le 16, id.
             le 17, Strasbourg.
             le 18, id.
             le 19, Nanci.
             le 20, id.
             le 21, Châlons.
             le 22, Soissons.
             le 23, Compiègne.

le 24, Saint-Cloud.

le 25, id.

le 26, id.

le 27, id.

le 28, id.

le 29, mariage à Paris.

Nota. La mi-carême est le jeudi 29 mars.

FIN DES PIÈCES JUSTIFICATIVES.

TABLE DES MATIÈRES.

Pages.

IIe PARTIE. — DISCUSSIONS DU CONSEIL D'ÉTAT.

PIÈCES JUSTIFICATIVES.

FIN DE LA TABLE DES MATIÈRES.